Tucholsky Wagner Zola Scott Fonatne Sydow Freud Schlegel
Turgenev Wallace
Twain Walther von der Vogelweide Fouqué Friedrich II. von Preußen
Weber Freiligrath Frey
Fechner Fichte Weiße Rose von Fallersleben Kant Ernst Richthofen Frommel
Hölderlin
Engels Fielding Eichendorff Tacitus Dumas
Fehrs Faber Flaubert
Maximilian I. von Habsburg Fock Eliasberg Zweig Ebner Eschenbach
Feuerbach Ewald Eliot Vergil
Goethe Elisabeth von Österreich London
Mendelssohn Balzac Shakespeare Dostojewski Ganghofer
Lichtenberg Rathenau Doyle Gjellerup
Trackl Stevenson Tolstoi Hambruch
Mommsen Thoma Lenz Hanrieder Droste-Hülshoff
Dach Verne von Arnim Hägele Hauff Humboldt
Karrillon Reuter Rousseau Hagen Hauptmann Gautier
Garschin Defoe Hebbel Baudelaire
Damaschke Descartes
Hegel Kussmaul Herder
Wolfram von Eschenbach Dickens Schopenhauer Rilke George
Bronner Darwin Melville Grimm Jerome
Campe Horváth Aristoteles Bebel Proust
Bismarck Vigny Barlach Voltaire Federer Herodot
Gengenbach Heine
Storm Casanova Lessing Tersteegen Gilm Grillparzer Georgy
Chamberlain Langbein Gryphius
Brentano Lafontaine
Strachwitz Claudius Schiller Kralik Iffland Sokrates
Katharina II. von Rußland Bellamy Schilling
Gerstäcker Raabe Gibbon Tschechow
Löns Hesse Hoffmann Gogol Wilde Gleim Vulpius
Luther Heym Hofmannsthal Klee Hölty Morgenstern Goedicke
Roth Heyse Klopstock Kleist
Luxemburg Puschkin Homer Mörike Musil
Machiavelli La Roche Horaz
Navarra Aurel Musset Kierkegaard Kraft Kraus
Lamprecht Kind Kirchhoff Hugo Moltke
Nestroy Marie de France
Laotse Ipsen Liebknecht
Nietzsche Nansen Ringelnatz
Marx Lassalle Gorki Klett Leibniz
von Ossietzky May vom Stein Lawrence Irving
Petalozzi Platon Knigge
Pückler Michelangelo Kock Kafka
Sachs Poe Liebermann Korolenko
de Sade Praetorius Mistral Zetkin

Der Verlag tredition aus Hamburg veröffentlicht in der Reihe **TREDITION CLASSICS** Werke aus mehr als zwei Jahrtausenden. Diese waren zu einem Großteil vergriffen oder nur noch antiquarisch erhältlich.

Symbolfigur für **TREDITION CLASSICS** ist Johannes Gutenberg (1400 — 1468), der Erfinder des Buchdrucks mit Metalllettern und der Druckerpresse.

Mit der Buchreihe **TREDITION CLASSICS** verfolgt tredition das Ziel, tausende Klassiker der Weltliteratur verschiedener Sprachen wieder als gedruckte Bücher aufzulegen – und das weltweit!

Die Buchreihe dient zur Bewahrung der Literatur und Förderung der Kultur. Sie trägt so dazu bei, dass viele tausend Werke nicht in Vergessenheit geraten.

Ansichten der Natur

Alexander von Humboldt

Impressum

Autor: Alexander von Humboldt
Umschlagkonzept: toepferschumann, Berlin

Verlag: tredition GmbH, Hamburg
ISBN: 978-3-8424-9083-3
Printed in Germany

Rechtlicher Hinweis:
Alle Werke sind nach unserem besten Wissen gemeinfrei und unterliegen damit nicht mehr dem Urheberrecht.

Ziel der TREDITION CLASSICS ist es, tausende deutsch- und fremdsprachige Klassiker wieder in Buchform verfügbar zu machen. Die Werke wurden eingescannt und digitalisiert. Dadurch können etwaige Fehler nicht komplett ausgeschlossen werden. Unsere Kooperationspartner und wir von tredition versuchen, die Werke bestmöglich zu bearbeiten. Sollten Sie trotzdem einen Fehler finden, bitten wir diesen zu entschuldigen. Die Rechtschreibung der Originalausgabe wurde unverändert übernommen. Daher können sich hinsichtlich der Schreibweise Widersprüche zu der heutigen Rechtschreibung ergeben.

Text der Originalausgabe

Alexander von Humboldt

Ansichten der Natur

Seinem teuren Bruder

Wilhelm von Humboldt

in Rom

Berlin, im Mai 1807 der Verfasser

Vorrede zur ersten Ausgabe

Schüchtern übergebe ich dem Publikum eine Reihe von Arbeiten, die im Angesicht großer Naturgegenstände, auf dem Ozean, in den Wäldern des Orinoco, in den Steppen von Venezuela, in der Einöde peruanischer und mexikanischer Gebirge entstanden sind. Einzelne Fragmente wurden an Ort und Stelle niedergeschrieben und nochmals nur in ein Ganzes zusammengeschmolzen. Überblick der Natur im großen, Beweis von dem Zusammenwirken der Kräfte, Erneuerung des Genusses, welchen die unmittelbare Ansicht der Tropenländer dem fühlenden Menschen gewährt, sind die Zwecke, nach denen ich strebe. Jeder Aufsatz sollte ein in sich geschlossenes Ganzes ausmachen, in allen sollte eine und dieselbe Tendenz sich gleichmäßig aussprechen. Diese ästhetische Behandlung naturhistorischer Gegenstände hat, trotz der herrlichen Kraft und der Biegsamkeit unserer vaterländischen Sprache, große Schwierigkeiten der Komposition. Reichtum der Natur veranlaßt Anhäufung einzelner Bilder, und Anhäufung stört die Ruhe und den Totaleindruck des Gemäldes. Das Gefühl und die Phantasie ansprechend, artet der Stil leicht in eine dichterische Prosa aus. Diese Ideen bedürfen hier keiner Entwickelung, da die nachstehenden Blätter mannigfaltige Beispiele solcher Verirrungen, solchen Mangels an *Haltung* darbieten.

Mögen meine *Ansichten der Natur*, trotz dieser Fehler, welche ich selbst leichter *rügen* als verbessern kann, dem Leser doch einen Teil des Genusses gewähren, welchen ein empfänglicher Sinn in der unmittelbaren Anschauung findet. Da dieser Genuß mit der Einsicht in den inneren Zusammenhang der Naturkräfte vermehrt wird, so sind jedem Aufsatze *wissenschaftliche* Erläuterungen und Zusätze beigefügt[1].

Überall habe ich auf den ewigen Einfluß hingewiesen, welchen die physische Natur auf die moralische Stimmung der Menschheit

---

[1] Humboldt hat den Ansichten der Natur umfangreiche »Erläuterungen und Zusätze« beigegeben, die sich in vielen Fällen zu eigenen Abhandlungen ausweiten und nur noch in losem Zusammenhang mit den sieben Essays, den »Naturgemälden« der amerikanischen Tropen, stehen; sie sind in dieser Ausgabe weggelassen.

und auf ihre Schicksale ausübt. *Bedrängten Gemütern* sind diese Blätter vorzugsweise gewidmet. » *Wer sich herausgerettet aus der stürmischen Lebenswelle*«, folgt mir gern in das Dickicht der Wälder, durch die unabsehbare Steppe und auf den hohen Rücken der Andeskette. Zu ihm spricht der weltrichtende Chor:

> Auf den Bergen ist Freiheit! Der Hauch der Grüfte
> Steigt nicht hinauf in die reinen Lüfte;
> Die Welt ist vollkommen überall,
> Wo der Mensch nicht hinkommt mit seiner Qual.

Vorrede zur zweiten und dritten Ausgabe

Die zwiefache Richtung dieser Schrift (ein sorgsames Bestreben, durch lebendige Darstellungen den Naturgenuß zu erhöhen, zugleich aber nach dem dermaligen Stande der Wissenschaft die Einsicht in das harmonische Zusammenwirken der Kräfte zu vermehren) ist in der Vorrede zur ersten Ausgabe, fast vor einem halben Jahrhundert, bezeichnet worden. Es sind damals schon die mannigfaltigen Hindernisse angegeben, welche der ästhetischen Behandlung großer Naturszenen entgegenstehn. Die Verbindung eines literarischen und eines rein szientifischen Zweckes, der Wunsch, gleichzeitig die Phantasie zu beschäftigen und durch Vermehrung des Wissens das Leben mit Ideen zu bereichern, machen die Anordnung der einzelnen Teile und das, was als Einheit der Komposition gefordert wird, schwer zu erreichen. Trotz dieser ungünstigen Verhältnisse hat das Publikum der unvollkommenen Ausführung meines Unternehmens dauernd ein nachsichtsvolles Wohlwollen geschenkt.

Die zweite Ausgabe der *Ansichten der Natur* habe ich in Paris im Jahr 1826 besorgt. Zwei Aufsätze: ein »Versuch über den Bau und die Wirkungsart der Vulkane in den verschiedenen Erdstrichen« und die »Lebenskraft oder der rhodische Genius«, wurden damals zuerst beigefügt. *Schiller*, in jugendlicher Erinnerung an seine medizinischen Studien, unterhielt sich während meines langen Aufenthalts in Jena gern mit mir über physiologische Gegenstände. Meine Arbeit über die Stimmung der gereizten Muskel- und Nervenfaser durch Berührung mit chemisch verschiedenen Stoffen gab oft unsern Gesprächen eine ernstere Richtung. Es entstand in jener Zeit der kleine Aufsatz von der Lebenskraft. Die Vorliebe, welche Schiller für den »modischen Genius« hatte, den er in seine Zeitschrift der *Horen* aufnahm, gab mir den Mut, ihn wieder abdrucken zu lassen. Mein Bruder berührt in einem Briefe, welcher erst vor kurzem gedruckt worden ist (Wilhelm von Humboldt's Briefe an eine Freundin T. II. S. 39), mit Zartheit denselben Gegenstand, setzt aber treffend hinzu: »Die Entwickelung einer physiologischen Idee ist der Zweck des ganzen Aufsatzes. Man liebte in der Zeit, in welcher derselbe geschrieben ist, mehr, als man jetzt tun würde, solche halbdichterische Einkleidungen ernsthafter Wahrheiten.«

Es ist mir noch im achtzigsten Jahre die Freude geworden, eine dritte Ausgabe meiner Schrift zu vollenden und dieselbe nach den Bedürfnissen der Zeit ganz umzuschmelzen. Fast alle wissenschaftliche Erläuterungen sind ergänzt oder durch neue, inhaltreichere ersetzt worden[2]. Ich habe gehofft den Trieb zum Studium der Natur dadurch zu beleben, daß in dem kleinsten Raume die mannigfaltigsten Resultate gründlicher Beobachtung zusammengedrängt, die Wichtigkeit genauer numerischer Angaben und ihrer sinnigen Vergleichung untereinander erkannt und dem dogmatischen Halbwissen wie der vornehmen Zweifelsucht gesteuert werde, welche in den sogenannten höheren Kreisen des geselligen Lebens einen langen Besitz haben.

Die Expedition, die ich in Gemeinschaft mit Ehrenberg und Gustav Rose auf Befehl des *Kaisers von Rußland* im Jahre 1829 in das nördliche Asien (in den Ural, den Altai und an die Ufer des Kaspischen Meeres) gemacht, fällt zwischen die Epochen der 2. und 3. Ausgabe meines Buches. Sie hat wesentlich zur Erweiterung meiner Ansichten beigetragen in allem, was die Gestaltung der Bodenfläche, die Richtung der Gebirgsketten, den Zusammenhang der Steppen und Wüsten, die geographische Verbreitung der Pflanzen nach gemessenen Temperatureinflüssen betrifft. Die Unkenntnis, in welcher man so lange über die zwei großen schneebedeckten Gebirgszüge zwischen dem Altai und Himalaja, über den Thian-schan und den Kuen-lün, gewesen ist, hat bei der ungerechten Vernachlässigung chinesischer Quellen die Geographie von Innerasien verdunkelt und Phantasien als Resultate der Beobachtung in vielgelesenen Schriften verbreitet. Seit wenigen Monaten sind fast unerwartet der hypsometrischen Vergleichung der kulminierenden Gipfel beider Kontinente wichtige und berichtigende Erweiterungen zugekommen. [...] Die von früheren Irrtümern befreiten Höhenbestimmungen zweier Berge in der östlichen Andeskette von Bolivia, des Sorata und Illimani, haben dem Chimborazo seinen alten Rang unter den Schneebergen des Neuen Kontinents mit Gewißheit noch nicht ganz wiedererteilt, während im Himalaja die neue trigonometrische Messung des Kinchinjinga (26 438 Pariser Fuß) diesem

---

[2] In dieser Ausgabe nicht enthalten.

Gipfel den nächsten Platz nach dem nun ebenfalls trigonometrisch genauer gemessenen Dhawalagiri einräumt.

Um die numerische Gleichförmigkeit mit den zwei vorigen Ausgaben der *Ansichten der Natur* zu bewahren, sind die Temperaturangaben in diesem Werke, wenn nicht das Gegenteil bestimmt ausgesprochen ist, in Graden des 80teiligen Réaumurschen Thermometers ausgedrückt. Das Fußmaß ist das altfranzösische, in welchem die Toise 6 Pariser Fuß zählt. Die Meilen sind geographische, deren 15 auf einen Äquatorialgrad gehen. Die Längen sind vom ersten Meridian der Pariser Sternwarte[3] gerechnet.

Berlin, im März 1849

---

[3] Paris liegt 2° 20' 14" östlich von Greenwich. – Weitere von Humboldt gebrauchte Maße sind: 1 (Pariser) Linie = 2,26 mm; 1 Zoll = 2,71 cm; 1 Lachter = 1 Klafter, in Preußen = 2,09 m, in Sachsen = 2 m.

Über die Steppen und Wüsten

Am Fuße des hohen Granitrückens, welcher im Jugendalter unseres Planeten, bei Bildung des antillischen Meerbusens, dem Einbruch der Wasser getrotzt hat, beginnt eine weite, unabsehbare Ebene. Wenn man die Bergtäler von Caracas und den inselreichen See Tacarigua, in dem die nahen Pisangstämme sich spiegeln, wenn man die Fluren, welche mit dem zarten und lichten Grün des tahitischen Zuckerschilfes prangen, oder den ernsten Schatten der Kakaogebüsche zurückläßt, so ruht der Blick im Süden auf Steppen, die scheinbar ansteigend, in schwindender Ferne, den Horizont begrenzen.

Aus der üppigen Fülle des organischen Lebens tritt der Wanderer betroffen an den öden Rand einer baumlosen, pflanzenarmen Wüste. Kein Hügel, keine Klippe erhebt sich inselförmig in dem unermeßlichen Raume. Nur hier und dort liegen gebrochene Flözschichten von zweihundert Quadratmeilen Oberfläche bemerkbar höher als die angrenzenden Teile. Bänke nennen die Eingebornen diese Erscheinung, gleichsam ahndungsvoll durch die Sprache den alten Zustand der Dinge bezeichnend, da jene Erhöhungen Untiefen, die Steppen selbst aber der Boden eines großen Mittelmeeres waren.

Noch gegenwärtig ruft oft nächtliche Täuschung diese Bilder der Vorzeit zurück. Wenn im raschen Aufsteigen und Niedersinken die leitenden Gestirne den Saum der Ebene erleuchten oder wenn sie zitternd ihr Bild verdoppeln in der untern Schicht der wogenden Dünste, glaubt man den küstenlosen Ozean vor sich zu sehen. Wie dieser erfüllt die Steppe das Gemüt mit dem Gefühl der Unendlichkeit und durch dies Gefühl, wie den sinnlichen Eindrücken des Raumes sich entwindend, mit geistigen Anregungen höherer Ordnung. Aber freundlich zugleich ist der Anblick des klaren Meeresspiegels, in welchem die leichtbewegliche, sanft aufschäumende Welle sich kräuselt; tot und starr liegt die Steppe hingestreckt wie die nackte Felsrinde eines verödeten Planeten.

In allen Zonen bietet die Natur das Phänomen dieser großen Ebenen dar; in jeder haben sie einen eigentümlichen Charakter, eine Physiognomie, welche durch die Verschiedenheit ihres Bodens, durch ihr Klima und durch ihre Höhe über der Oberfläche des Meeres bestimmt wird.

Im nördlichen Europa kann man die Heideländer, welche, von einem einzigen, alles verdrängenden Pflanzenzuge bedeckt, von der Spitze von Jütland sich bis an den Ausfluß der Schelde erstrecken, als wahre Steppen betrachten, aber Steppen von geringer Ausdehnung und hochhüglichter Oberfläche, wenn man sie mit den Llanos und Pampas von Südamerika oder gar mit den Grasfluren am Missouri und Kupferflusse vergleicht, in denen der zottige Bison und der kleine Moschusstier umherschwärmen.

Einen größeren und ernsteren Anblick gewähren die Ebenen im Innern von Afrika. Gleich der weiten Fläche des Stillen Ozeans hat man sie erst in neueren Zeiten zu durchforschen versucht; sie sind Teile eines Sandmeeres, welches gegen Osten fruchtbare Erdstriche voneinander trennt oder inselförmig einschließt, wie die Wüste am Basaltgebirge Harudsch, wo in der dattelreichen Oasis von Siwa die Trümmer des Ammon-Tempels den ehrwürdigen Sitz früher Menschenbildung bezeichnen. Kein Tau, kein Regen benetzt diese öden Flächen und entwickelt im glühenden Schoß der Erde den Keim des Pflanzenlebens. Denn heiße Luftsäulen steigen überall aufwärts, lösen die Dünste und verscheuchen das vorübereilende Gewölk.

Wo die Wüste sich dem Atlantischen Ozean nähert, wie zwischen Wadi Nun und dem Weißen Vorgebirge, da strömt die feuchte Meeresluft hin, die Leere zu füllen, welch durch jene senkrechten Winde erregt wird. Selbst wenn der Schiffer durch ein Meer, das wiesenartig mit Seetang bedeckt ist, nach der Mündung des Gambia steuert, ahndet er, wo ihn plötzlich der tropische Ostwind verläßt, die Nähe des weitverbreiteten wärmestrahlenden Sandes.

Herden von Gazellen und schnellfüßige Strauße durchirren den unermeßlichen Raum. Rechnet man ab die im Sandmeere neuentdeckten Gruppen quellenreicher Inseln, an deren grünen Ufern die nomadischen Tibbos und Tuaryks schwärmen, so ist der übrige Teil der afrikanischen Wüste als dem Menschen unbewohnbar zu betrachten. Auch wagen die angrenzenden gebildeten Völker sie nur periodisch zu betreten. Auf Wegen, die der Handelsverkehr seit Jahrtausenden unwandelbar bestimmt hat, geht der lange Zug von Tafilet bis Tombuktu oder von Murzuk bis Bornu: kühne Unternehmungen, deren Möglichkeit auf der Existenz des Kamels beruht, des Schiffs der Wüste, wie es die alten Sagen der Ostwelt nennen.

Diese afrikanischen Ebenen füllen einen Raum aus, welcher den des nahen Mittelmeeres fast dreimal übertrifft. Sie liegen zum Teil unter den Wendekreisen selbst, zum Teil denselben nahe, und diese Lage begründet ihren individuellen Naturcharakter. Dagegen ist in der östlichen Hälfte des alten Kontinents dasselbe geognostische Phänomen mehr der gemäßigten Zone eigentümlich.

Auf dem Bergrücken von Mittelasien zwischen dem *Goldberge* oder Altai und dem Kuen-lün von der Chinesischen Mauer an bis jenseits des Himmelsgebirges und gegen den Aralsee hin, in einer Länge von mehreren tausend Meilen, breiten sich, wenn auch nicht die höchsten, doch die größten Steppen der Welt aus. Einen Teil derselben, die Kalmücken- und Kirgisen-Steppen zwischen dem Don, der Wolga, dem Kaspischen Meere und dem chinesischen Dsaisang-See, also in einer Erstreckung von fast 700 geographischen Meilen, habe ich selbst zu sehen Gelegenheit gehabt, volle dreißig Jahre nach meiner südamerikanischen Reise. Die Vegetation der asiatischen, bisweilen hügeligen und durch Fichtenwälder unterbrochenen Steppen ist gruppenweise viel mannigfaltiger als die der Llanos und Pampas von Caracas und Buenos Aires. Der schönere Teil der Ebenen, von asiatischen Hirtenvölkern bewohnt, ist mit niedrigen Sträuchern üppig weißblühender Rosazeen, mit Kaiserkronen (Fritillarien), Tulpen und Cypripedien geschmückt. Wie die heiße Zone sich im ganzen dadurch auszeichnet, daß alles Vegetative baumartig zu werden strebt, so charakterisiert einige Steppen der asiatischen gemäßigten Zone die wundersame Höhe, zu der sich blühende Kräuter erheben: Saussureen und andere Synanthereen, Schotengewächse, besonders ein Heer von Astragalus-Arten. Wenn man in den niedrigen tatarischen Fuhrwerken sich durch weglose Teile dieser Krautsteppen bewegt, kann man nur aufrecht stehend sich orientieren und sieht die waldartig dichtgedrängten Pflanzen sich vor den Rädern niederbeugen. Einige dieser asiatischen Steppen sind Grasebenen, andere mit saftigen, immergrünen, gegliederten Kalipflanzen bedeckt, viele fernleuchtend von flechtenartig aufsprießendem Salze, das ungleich, wie frischgefallener Schnee, den lettigen Boden verhüllt.

Diese mongolischen und tatarischen Steppen, durch mannigfaltige Gebirgszüge unterbrochen, scheiden die uralte, langgebildete Menschheit in Tibet und Hindostan von den rohen, nordasiatischen Völkern. Auch ist ihr Dasein von mannigfaltigem Einfluß auf die wechselnden Schicksale des Menschengeschlechts gewesen. Sie haben die Bevölkerung gegen Süden zusammengedrängt, mehr als der Himalaja, als das Schneegebirge von Sirinagur und Gorka den Verkehr der Nationen gestört und im Norden Asiens unwandelbare Grenzen gesetzt der Verbreitung milderer Sitten und des schaffenden Kunstsinns.

Aber nicht als hindernde Vormauer allein darf die Geschichte die Ebene von Innerasien betrachten. Unheil und Verwüstung hat sie mehrmals über den Erdkreis gebracht. Hirtenvölker dieser Steppe: die Mongolen, Geten, Alanen und Usün haben die Welt erschüttert. Wenn in dem Lauf der Jahrhunderte frühe Geisteskultur gleich dem erquickenden Sonnenlicht von Osten nach Westen gewandert ist, so haben späterhin, in derselben Richtung, Barbarei und sittliche Roheit Europa nebelartig zu überziehen gedroht. Ein brauner Hirtenstamm (tukiuischer, d. i. türkischer Abkunft), die Hiongnu, bewohnte in ledernen Gezelten die hohe Steppe von Gobi. Der chinesischen Macht lange furchtbar, ward ein Teil des Stammes südlich nach Innerasien zurückgedrängt. Dieser Stoß der Völker pflanzte sich unaufhaltsam bis in das alte Finnenland am Ural fort. Von dort aus brachen Hunnen, Avaren, Chasaren und mannigfaltige Gemische asiatischer Menschenrassen hervor. Hunnische Kriegsheere erschienen erst an der Wolga, dann in Pannonien, dann an der Marne und an den Ufern des Po: die schön bepflanzten Fluren verheerend, wo seit Antenors Zeiten die bildende Menschheit Denkmal auf Denkmal gehäuft. So wehte aus den mongolischen Wüsten ein verpesteter Windeshauch, der auf zisalpinischem Boden die zarte, langgepflegte Blüte der Kunst erstickte.

Von den Salzsteppen Asiens, von den europäischen Heideländern, die im Sommer mit honigreichen, rötlichen Blumen prangen, und von den pflanzenleeren Wüsten Afrikas kehren wir zu den Ebenen von Südamerika zurück, deren Gemälde ich bereits angefangen habe mit rohen Zügen zu entwerfen.

Das Interesse, welches ein solches Gemälde dem Beobachter gewähren kann, ist aber ein reines Naturinteresse. Keine Oase erinnert hier an frühe Bewohner, kein behauener Stein, kein verwilderter Fruchtbaum an den Fleiß untergegangener Geschlechter. Wie den Schicksalen der Menschheit fremd, allein an die Gegenwart fesselnd, liegt dieser Erdwinkel da, ein wilder Schauplatz des freien Tier- und Pflanzenlebens.

Von der Küstenkette von Caracas erstreckt sich die Steppe bis zu den Wäldern der Guyana, von den Schneebergen von Mérida, an deren Abhange der Natriumsee Urao ein Gegenstand des religiösen Aberglaubens der Eingebornen ist, bis zu dem großen Delta, welches der Orinoco an seiner Mündung bildet. Südwestlich zieht sie sich gleich einem Meeresarme jenseits der Ufer des Meta und des Vichada bis zu den unbesuchten Quellen des Guaviare und bis zu dem einsamen Gebirgsstock hin, welchen spanische Kriegsvölker, im Spiel ihrer regsamen Phantasie, den Paramo de la suma paz, gleichsam den schönen Sitz des *ewigen Friedens*, nannten.

Diese Steppe nimmt einen Raum von 16 000 Quadratmeilen ein. Aus geographischer Unkunde hat man sie oft in gleicher Breite als ununterbrochen bis an die Magellanische Meerenge fortlaufend geschildert, nicht eingedenk der waldigen Ebene des Amazonenflusses, welche gegen Norden und Süden von den Grassteppen des Apure und des La-Plata-Stromes begrenzt wird. Die Andeskette von Cochabamba und die brasilianische Berggruppe senden, zwischen der Provinz Chiquitos und der Landenge von Villabella, einzelne Bergjoche sich entgegen. Eine schmale Ebene vereinigt die Hyläa des Amazonenflusses mit den Pampas von Buenos Aires. Letztere übertreffen die Llanos von Venezuela dreimal an Flächeninhalt. Ja ihre Ausdehnung ist so wundervoll groß, daß sie auf der nördlichen Seite durch Palmengebüsche begrenzt und auf der südlichen fast mit ewigem Eise bedeckt sind. Der kasuarähnliche Tuyu (Struthio Rhea) ist diesen Pampas eigentümlich wie die Kolonien verwilderter Hunde, welche gesellig in unterirdischen Höhlen wohnen, aber oft blutgierig den Menschen anfallen, für dessen Verteidigung ihre Stammväter kämpften.

Gleich dem größten Teile der Wüste Sahara liegen die Llanos, oder die nördlichste Ebene von Südamerika, in dem heißen Erdgürtel. Dennoch erscheinen sie in jeder Hälfte des Jahres unter einer verschiedenen Gestalt: bald verödet, wie das libysche Sandmeer, bald als eine Grasflur, wie so viele Steppen von Mittelasien.

Es ist ein belohnendes, wenngleich schwieriges Geschäft der allgemeinen Länderkunde, die Naturbeschaffenheit entlegener Erdstriche miteinander zu vergleichen und die Resultate dieser Vergleichung in wenigen Zügen darzustellen. Mannigfaltige, zum Teil noch wenig entwickelte Ursachen vermindern die Dürre und Wärme des neuen Weltteils.

Schmalheit der vielfach eingeschnittenen Feste in der nördlichen Tropengegend, wo eine flüssige Grundfläche der Atmosphäre einen minder warmen aufsteigenden Luftstrom darbietet; weite Ausdehnung gegen beide beeiste Pole hin; ein freier Ozean, über den die tropischen kühleren Seewinde wegblasen; Flachheit der östlichen Küsten; Ströme kalten Meereswassers aus der antarktischen Region, welche, anfänglich von Südwest nach Nordost gerichtet, unter dem Parallelkreis von 35° südlicher Breite an die Küste von Chili anschlagen und an den Küsten von Peru bis zum Cap Pariña nördlich vordringen, sich dann plötzlich gegen Westen wendend; die Zahl quellenreicher Gebirgsketten, deren schneebedeckte Gipfel weit über alle Wolkenschichten emporstreben und an ihrem Abhange herabsteigende Luftströmungen veranlassen; die Fülle der Flüsse von ungeheurer Breite, welche nach vielen Windungen stets die entfernteste Küste suchen; sandlose und darum minder erhitzbare Steppen; undurchdringliche Wälder, welche, den Boden vor den Sonnenstrahlen schützend oder durch ihre Blattflächen wärmestrahlend, die flußreiche Ebene am Äquator ausfüllen und im Innern des Landes, wo Gebirge und Ozean am entlegensten sind, ungeheure Massen teils eingezogenen, teils selbsterzeugten Wassers aushauchen: – alle diese Verhältnisse gewähren dem flachen Teile von Amerika ein Klima, das mit dem afrikanischen durch Feuchtigkeit und Kühlung wunderbar kontrastiert. In ihnen allein liegt der Grund jenes üppigen, saftstrotzenden Pflanzenwuchses, jener Frondosität, welche der eigentümliche Charakter des Neuen Kontinents ist.

Wird daher eine Seite unsers Planeten luftfeuchter als die andere genannt, so ist die Betrachtung des gegenwärtigen Zustandes der Dinge hinlänglich, das Problem dieser Ungleichheit zu lösen. Der Physiker braucht die Erklärung solcher Naturerscheinungen nicht in das Gewand geologischer Mythen zu hüllen. Es bedarf der Annahme nicht, als habe sich auf dem uralten Erdkörper in der östlichen und westlichen Hemisphäre ungleichzeitig geschlichtet der verderbliche Streit der Elemente; oder als sei aus der chaotischen Wasserbedeckung Amerika später als die übrigen Weltteile hervorgetreten, ein sumpfreiches, von Krokodilen und Schlangen bewohntes Eiland.

Allerdings hat Südamerika, nach der Gestalt seines Umrisses und der Richtung seiner Küsten, eine auffallende Ähnlichkeit mit der südwestlichen Halbinsel des alten Kontinents. Aber innere Struktur des Bodens und relative Lage zu den angrenzenden Ländermassen bringen in Afrika jene wunderbare Dürre hervor, welche in unermeßlichen Räumen der Entwickelung des organischen Lebens entgegensieht. Vier Fünfteile von Südamerika liegen jenseits des Äquators: also in einer Hemisphäre, welche wegen der größeren Wassermenge und wegen mannigfaltiger anderer Ursachen kühler und feuchter als unsre nördliche Halbkugel ist. Dieser letzteren gehört dagegen der beträchtlichere Teil von Afrika zu.

Die südamerikanische Steppe, die Llanos, haben, von Osten gegen Westen gemessen, eine dreimal geringere Ausdehnung als die afrikanischen Wüsten. Jene empfangen den tropischen Seewind, diese, unter einem Breitenzirkel mit Arabien und dem südlichen Persien gelegen, werden von Luftschichten berührt, die über heiße, wärmestrahlende Kontinente hinwehen. Auch hat bereits der ehrwürdige, langverkannte Vater der Geschichte, Herodot, im echten Sinn einer großen Naturansicht alle Wüsten in Nordafrika, in Yemen, Kerman und Mekran (der Gedrosia der Griechen), ja bis Multan in Vorderindien hin als ein einziges zusammenhängendes Sandmeer geschildert.

Zu der Wirkung heißer Landwinde gesellt sich in Afrika, so weit wir es kennen, noch der Mangel an großen Flüssen, an Wasserdampf aushauchenden, kälteerregenden Wäldern und hohen Gebirgen. Mit ewigem Eise bedeckt ist bloß der westliche Teil des Atlas, dessen schmales Bergjoch, seitwärts gesehen, den alten Küstenfahrern wie eine einzeln stehende luftige Himmelsstütze erschien. Östlich läuft das Gebirge bis gegen Dakul hin, wo, jetzt in Schutt versunken, das meergebietende Karthago lag. Als langgedehnte Küstenkette, als gätulische Vormauer, hält es die kühlen Nordwinde und mit ihnen die aus dem Mittelmeere aufsteigenden Dämpfe zurück.

Über die untere Schneegrenze erhaben dachte man sich einst das Mondgebirge, Djebel al-Komr, von welchem man fabelte, daß es einen Bergparallel zwischen dem afrikanischen Quito, der hohen Ebene von Habesch, und den Quellen des Senegal bilde. Selbst die

Kordillere von Lupata, die sich an der östlichen Küste von Mozambique und Monomotapa, wie die Andeskette an der westlichen Küste von Peru, hinzieht, ist in dem goldreichen Machinga und Mocanga mit ewigem Eise bedeckt. Aber diese wasserreichen Gebirge liegen weit entfernt von der ungeheuren Wüste, welche sich von dem südlichen Abfall des Atlas bis an den östlich fließenden Niger erstreckt.

Vielleicht wären alle diese aufgezählten Ursachen der Dürre und Wärme nicht hinlänglich, so beträchtliche Teile der afrikanischen Ebenen in ein furchtbares Sandmeer zu verwandeln, hätte nicht irgendeine Naturrevolution, z. B. der einbrechende Ozean, einst diese flache Gegend ihrer Pflanzendecke und der nährenden Dammerde beraubt. Wann diese Erscheinung sich zutrug, welche Kraft den Einbruch bestimmte, ist tief in das Dunkel der Vorzeit gehüllt. Vielleicht war sie Folge des großen Wirbels, welcher die wärmeren mexikanischen Gewässer über die Bank von Neufundland an den alten Kontinent treibt und durch welchen westindische Kokosnüsse und andere Tropenfrüchte nach Irland und Norwegen gelangen. Wenigstens ist ein Arm dieses Meeresstroms noch gegenwärtig von den Azoren an gegen Südosten gerichtet und schlägt, dem Schiffer Unheil bringend, an das westliche Dünenufer von Afrika. Auch zeigen alle Meeresküsten (ich erinnere an die peruanischen zwischen Amotape und Coquimbo), wie Jahrhunderte, ja vielleicht Jahrtausende, vergehen, bevor in heißen regenlosen Erdstrichen, wo weder Lecideen noch andere Flechten keimen, der bewegliche Sand den Kräuterwurzeln einen sicheren Standort zu gewähren vermag.

Diese Betrachtungen genügen, um zu erklären, warum, trotz der äußern Ähnlichkeit der Länderform, Afrika und Südamerika doch die abweichendsten klimatischen Verhältnisse, den verschiedensten Vegetationscharakter darbieten. Ist aber auch die südamerikanische Steppe mit einer dünnen Rinde fruchtbarer Erde bedeckt, wird sie auch periodisch durch Regengüsse getränkt und dann mit üppig aufschießendem Grase geschmückt, so hat sie doch die angrenzenden Völkerstämme nicht reizen können, die schönen Bergtäler von Caracas, das Meeresufer und die Flußwelt des Orinoco zu verlassen, um sich in dieser baum- und quellenleeren Einöde zu verlieren.

Daher ward die Steppe bei der Ankunft europäischer und afrikanischer Ansiedler fast menschenleer gefunden.

Allerdings sind die Llanos zur Viehzucht geeignet; aber die Pflege milchgebender Tiere war den ursprünglichen Einwohnern des Neuen Kontinents fast unbekannt. Kaum wußte einer der amerikanischen Völkerstämme die Vorteile zu benutzen, welche die Natur auch in dieser Hinsicht ihnen dargeboten hatte. Die amerikanische Menschenrasse (eine und dieselbe von 65° nördlicher bis 55° südlicher Breite, die Eskimos etwa abgerechnet) ging vom Jagdleben nicht durch die Stufe des Hirtenlebens zum Ackerbau über. Zwei Arten einheimischer Rinder weiden in den Grasfluren von Westkanada, in Quivira, wie um die kolossalen Trümmer der Aztekenburg, welche (ein amerikanisches Palmyra) sich verlassen in der Einöde am Gila-Flusse erhebt. Ein langhörniges Mufflon, ähnlich dem sogenannten Stammvater des Schafes, schwärmt auf den dürren und nackten Kalkfelsen von Kalifornien umher. Der südlichen Halbinsel sind die Vicuñas, Huanacos, Alpacas und Lamas eigentümlich. Aber von diesen nutzbaren Tieren haben nur die ersten zwei Jahrtausende lang ihre natürliche Freiheit bewahrt. Genuß von Milch und Käse ist, wie der Besitz und die Kultur mehlreicher Grasarten, ein charakteristisches Unterscheidungszeichen der Nationen des alten Weltteils.

Sind daher von diesen einige Stämme durch das nördliche Asien auf die Westküste von Amerika übergegangen, und haben sie, kälteliebend, den hohen Andesrücken gegen Süden verfolgt, so muß diese Wanderung auf Wegen geschehen sein, auf welchen weder Herden noch Zerealien den neuen Ankömmling begleiten konnten. Sollte vielleicht, als das lang erschütterte Reich der Hiongnu zerfiel, das Fortwälzen dieses mächtigen Stammes auch im Nordosten von China und Korea Völkerzüge veranlaßt haben, bei denen gebildete Asiaten in den Neuen Kontinent übergingen? Wären diese Ankömmlinge Bewohner von Steppen gewesen, in denen Ackerbau nicht betrieben wird, so würde diese gewagte, durch Sprachvergleichung bisher wenig begünstigte Hypothese wenigstens den auffallenden Mangel der eigentlichen Zerealien in Amerika erklären. Vielleicht landete an den Küsten von Neu-Kalifornien, durch Stürme verschlagen, eine von jenen asiatischen Priesterkolonien, welche mystische Träumereien zu fernen Seefahrten veranlaßten und von denen die Bevölkerungsgeschichte von Japan zur Zeit der Thsinschi-huang-ti ein denkwürdiges Beispiel liefert.

Blieb demnach das Hirtenleben, diese wohltätige Mittelstufe, welche nomadische Jägerhorden an den grasreichen Boden fesselt und gleichsam zum Ackerbau vorbereitet, den Urvölkern Amerikas unbekannt, so liegt in dieser Unbekanntschaft selbst der Grund von der Menschenleere der südamerikanischen Steppen. Um so freier haben sich in ihr die Naturkräfte in mannigfaltigen Tiergestalten entwickelt: frei, und nur durch sich selbst beschränkt, wie das Pflanzenleben in den Wäldern am Orinoco, wo der Hymenäe und dem riesenstämmigen Lorbeer nie die verheerende Hand des Menschen, sondern nur der üppige Andrang schlingender Gewächse droht. Agutis, kleine buntgefleckte Hirsche, gepanzerte Armadille, welche rattenartig den Hasen in seiner unterirdischen Höhle aufschrecken, Herden von trägen Chiguiren, schön gestreifte Viverren, welche die Luft verpesten, der große ungemähnte Löwe, buntgefleckte Jaguars (meist Tiger genannt), die den jungen selbsterlegten Stier auf einen Hügel zu schleppen vermögen. – diese und viele andere Tiergestalten durchirren die baumlose Ebene.

Fast nur ihnen bewohnbar, hätte sie keine der nomadischen Völkerhorden, die ohnedies (nach asiatisch-indischer Art) die vegetabilische Nahrung vorziehen, fesseln können, stände nicht hier und da die Fächerpalme, Mauritia, zerstreut umher. Weit berühmt sind die Vorzüge dieses wohltätigen Lebensbaumes. Er allein ernährt am Ausflusse des Orinoco, nördlich von der Sierra de Imataca, die unbezwungene Nation der Guaraunen. Als sie zahlreicher und zusammengedrängt waren, erhoben sie nicht bloß ihre Hütten auf abgehauenen Palmenpfosten, die ein horizontales Tafelwerk als Fußboden trugen, sie spannten auch (so geht die Sage) Hängematten, aus den Blattstielen der Mauritia gewebt, künstlich von Stamm zu Stamm, um in der Regenzeit, wenn das Delta überschwemmt ist, nach Art der Affen auf den Bäumen zu leben. Diese schwebenden Hütten wurden teilweise mit Letten bedeckt. Auf der feuchten Unterlage schürten die Weiber zu häuslichem Bedürfnis Feuer an. Wer bei Nacht auf dem Flusse vorüberfuhr, sah die Flammen reihenweise auflodern, hoch in der Luft, von dem Boden getrennt. Die Guaraunen verdanken noch jetzt die Erhaltung ihrer physischen und vielleicht selbst ihrer moralischen Unabhängigkeit dem lockeren, halbflüssigen Moorboden, über den sie leichtfüßig fortlaufen, und ihrem Aufenthalt auf den Bäumen: einer hohen Freistatt, zu der religiöse Begeisterung wohl nie einen amerikanischen Styliten leiten wird.

Aber nicht bloß sichere Wohnung, auch mannigfaltige Speise gewährt die Mauritia. Ehe auf der männlichen Palme die zarte Blütenscheide ausbricht, und nur in dieser Periode der Pflanzenmetamorphose enthält das Mark des Stammes ein sagoartiges Mehl, welches, wie das Mehl der Jatrophawurzel, in dünnen brotähnlichen Scheiben gedörrt wird. Der gegorne Saft des Baums ist der süße, berauschende Palmwein der Guaraunen. Die engschuppigen Früchte, welche rötlichen Tannenzapfen gleichen, geben, wie Pisang und fast alle Früchte der Tropenwelt, eine verschiedenartige Nahrung: je nachdem man sie nach völliger Entwicklung ihres Zuckerstoffes oder früher, im mehlreichen Zustande, genießt. So finden wir auf der untersten Stufe menschlicher Geistesbildung (gleich dem Insekt, das auf einzelne Blütenteile beschränkt ist) die Existenz eines ganzen Völkerstammes an fast einen einzigen Baum gefesselt.

Seit der Entdeckung des Neuen Kontinents sind die Ebenen *(Llanos)* dem Menschen bewohnbar geworden. Um den Verkehr zwischen der Küste und der Guyana (dem Orinoco-Lande) zu erleichtern, sind hier und da Städte an den Steppenflüssen erbaut. Überall hat Viehzucht in dem unermeßlichen Raume begonnen. Tagereisen voneinander entfernt liegen einzelne, mit Rindsfellen gedeckte, aus Schilf und Riemen geflochtene Hütten. Zahllose Scharen verwilderter Stiere, Pferde und Maulesel (man schätzte sie zur friedlichen Zeit meiner Reise noch auf anderthalb Millionen Köpfe) schwärmen in der Steppe umher. Die ungeheure Vermehrung dieser Tiere der alten Welt ist um so bewundernswürdiger, je mannigfaltige die Gefahren sind, mit denen sie in diesen Erdstrichen zu kämpfen haben.

Wenn unter dem senkrechten Strahl der niebewölkten Sonne die verkohlte Grasdecke in Staub zerfallen ist, klafft der erhärtete Boden auf, als wäre er von mächtigen Erdstößen erschüttert. Berühren ihn dann entgegengesetzte Luftströme, deren Streit sich in kreisender Bewegung ausgleicht, so gewährt die Ebene einen seltsamen Anblick. Als trichterförmige Wolken, die mit ihren Spitzen an der Erde hingleiten, steigt der Sand dampfartig durch die luftdünne, elektrisch geladene Mitte des Wirbels empor: gleich den rauschenden Wasserhosen, die der erfahrne Schiffer fürchtet. Ein trübes, fast strohfarbiges Halblicht wirft die nun scheinbar niedrigere Himmelsdecke auf die verödete Flur. Der Horizont tritt plötzlich näher. Er verengt die Steppe, wie das Gemüt des Wanderers. Die heiße, staubige Erde, welche im nebelartig verschleierten Dunstkreise schwebt, vermehrt die erstickende Luftwärme. Statt Kühlung führt der Ostwind neue Glut herbei, wenn er über den langerhitzten Boden hinweht.

Auch verschwinden allmählich die Lachen, welche die gelb gebleichte Fächerpalme vor der Verdunstung schützte. Wie im eisigen Norden die Tiere durch Kälte erstarren, so schlummert hier, unbeweglich, das Krokodil und die Boaschlange, tief vergraben in trockenem Letten. Überall verkündigt Dürre den Tod; und doch überall verfolgt den Dürstenden, im Spiele des gebogenen Lichtstrahls, das Trugbild des wellenschlagenden Wasserspiegels. Ein schmaler Luftstreifen trennt das ferne Palmengebüsch vom Boden. Es schwebt, durch *Kimmung* gehoben bei der Berührung ungleich erwärmter und also ungleich dichter Luftschichten. In finstere Staubwolken gehüllt, von Hunger und brennendem Durste geängstigt, schweifen Pferde und Rinder umher. diese dumpf aufbrüllend, jene mit langgestrecktem Halse gegen den Wind anschnaubend, um durch die Feuchtigkeit des Luftstroms die Nähe einer nicht ganz verdampften Lache zu erraten.

Bedächtiger und verschlagener, sucht das Maultier auf andere Weise seinen Durst zu lindern. Eine kugelförmige und dabei vielrippige Pflanze, der Melonenkaktus, verschließt unter seiner stachligen Hülle ein wasserreiches Mark. Mit dem Vorderfuße schlägt das Maultier die Stacheln seitwärts und wagt es dann erst, die Lippen behutsam zu nähern und den kühlen Distelsaft zu trinken. Aber das Schöpfen aus dieser lebendigen vegetabilischen Quelle ist nicht immer gefahrlos; oft sieht man Tiere, welche von Kaktusstacheln am Hufe gelähmt sind.

Folgt auf die brennende Hitze des Tages die Kühlung der hier immer gleich langen Nacht, so können Rinder und Pferde selbst dann nicht sich der Ruhe erfreuen. Ungeheure Fledermäuse saugen ihnen, während des Schlafes, vampyrartig das Blut aus, oder hängen sich an dem Rücken fest, wo sie eiternde Wunden erregen, in welche Moskitos, Hippoboscen und eine Schar stechender Insekten sich ansiedeln. So führen die Tiere ein schmerzenvolles Leben, wenn vor der Glut der Sonne das Wasser auf dem Erdboden verschwindet.

Tritt endlich nach langer Dürre die wohltätige Regenzeit ein, so verändert sich plötzlich die Szene in der Steppe. Das tiefe Blau des bis dahin nie bewölkten Himmels wird lichter. Kaum erkennt man bei Nacht den schwarzen Raum im Sternbild des südlichen Kreuzes. Der sanfte phosphorartige Schimmer der Magellanischen Wolken verlischt. Selbst die scheitelrechten Gestirne des Adlers und des Schlangenträgers leuchten mit zitterndem, minder planetarischem Lichte. Wie ein entlegenes Gebirge erscheint einzelnes Gewölk im Süden, senkrecht aufsteigend am Horizonte. Nebelartig breiten allmählich die vermehrten Dünste sich über den Zenit aus. Den belebenden Regen verkündigt der ferne Donner.

Kaum ist die Oberfläche der Erde benetzt, so überzieht sich die duftende Steppe mit Kyllingien, mit vielrispigem Paspalum und mannigfaltigen Gräsern. Vom Lichte gereizt, entfalten krautartige Mimosen ihre gesenkt schlummernden Blätter und begrüßen die aufgehende Sonne wie der Frühgesang der Vögel und die sich öffnenden Blüten der Wasserpflanzen. Pferde und Rinder weiden nun in frohem Genusse des Lebens. Das hoch aufschiebende Gras birgt den schöngefleckten Jaguar. Im sicheren Versteck auflauernd und die Weite des einigen Sprunges vorsichtig messend, erhascht er die vorüberziehenden Tiere, katzenartig wie der asiatische Tiger.

Bisweilen sieht man (so erzählen die Eingeborenen) an den Ufern der Sümpfe den befeuchteten Letten sich langsam und schollenweise erheben. Mit heftigem Getöse, wie beim Ausbruche kleiner Schlammvulkane, wird die aufgewühlte Erde hoch in die Luft geschleudert. Wer des Anblicks kundig ist, flieht die Erscheinung, denn eine riesenhafte Wasserschlange oder ein gepanzertes Krokodil steigen aus der Gruft hervor, durch den ersten Regenguß aus dem Scheintode erweckt.

Schwellen nun allmählich die Flüsse, welche die Ebene südlich begrenzen: der Arauca, der Apure und der Payara, so zwingt die Natur dieselben Tiere, welche in der ersten Jahreshälfte auf dem wasserleeren, staubigen Boden vor Durst verschmachteten, als Amphibien zu leben. Ein Teil der Steppe erscheint nun wie ein unermeßliches Binnenwasser. Die Mutterpferde ziehen sich mit den Füllen auf die höheren Bänke zurück, welche inselförmig über dem Seespiegel hervorragen. Mit jedem Tage verengt sich der trockene Raum. Aus Mangel an Weide schwimmen die zusammengedrängten Tiere stundenlang umher und nähren sich kärglich von der blühenden Grasrispe, die sich über dem braungefärbten gärenden Wasser erhebt. Viele Füllen ertrinken, viele werden von den Krokodilen erhascht, mit dem zackigen Schwanze zerschmettert und verschlungen. Nicht selten bemerkt man Pferde und Rinder, welche, dem Rachen dieser blutgierigen, riesenhaften Eidechsen entschlüpft, die Spur des spitzigen Zahnes am Schenkel tragen.

Ein solcher Anblick erinnert unwillkürlich den ernsten Beobachter an die Biegsamkeit, mit welcher die alles aneignende Natur gewisse Tiere und Pflanzen begabt hat. Wie die mehlreichen Früchte der Ceres, so sind Stier und Roß dem Menschen über den ganzen Erdkreis gefolgt: vom Ganges bis an den Plata-Strom, von der afrikanischen Meeresküste bis zur Gebirgsebene des Antisana, welche höher als der Kegelberg von Teneriffa liegt. Hier schützt die nordische Birke, dort die Dattelpalme den ermüdeten Stier vor dem Strahl der Mittagssonne. Dieselbe Tiergattung, welche im östlichen Europa mit Bären und Wölfen kämpft, wird unter einem anderen Himmelsstriche von den Angriffen der Tiger und der Krokodile bedroht!

Aber nicht die Krokodile und der Jaguar allein stellen den südamerikanischen Pferden nach, auch unter den Fischen haben sie einen gefährlichen Feind. Die Sumpfwasser von Bera und Rastro sind mit zahllosen elektrischen Aalen gefüllt, deren schleimiger, gelbgefleckter Körper aus jedem Teile die erschütternde Kraft nach Willkür aussendet. Diese Gymnoten haben 5 bis 6 Fuß Länge. Sie sind mächtig genug, die größten Tiere zu töten, wenn sie ihre nervenreichen Organe auf einmal in günstiger Richtung entladen. Die Steppenstraße von Uritucu mußte einst verändert werden, weil sich die Gymnoten in solcher Menge in einem Flüßchen angehäuft hatten, daß jährlich vor Betäubung viele Pferde in der Furt ertranken. Auch fliehen alle anderen Fische die Nähe dieser furchtbaren Aale. Selbst den Angelnden am hohen Ufer schrecken sie, wenn die feuchte Schnur ihm die Erschütterung aus der Ferne zuleitet. So bricht hier elektrisches Feuer aus dem Schoße der Gewässer aus.

Ein malerisches Schauspiel gewährt der Fang der Gymnoten. Man jagt Maultiere und Pferde in einen Sumpf, welchen die Indianer eng umzingeln, bis der ungewohnte Lärmen die mutigen Fische zum Angriff reizt. Schlangenartig sieht man sie auf dem Wasser schwimmen und sich, verschlagen, unter den Bauch der Pferde drängen. Von diesen erliegen viele der Stärke unsichtbarer Schläge. Mit gesträubter Mähne, schnaubend, wilde Angst im funkelnden Auge, fliehen andere das tobende Ungewitter. Aber die Indianer, mit langen Bambusstäben bewaffnet, treiben sie in die Mitte der Lache zurück.

Allmählich läßt die Wut des ungleichen Kampfes nach. Wie entladene Wolken zerstreuen sich die ermüdeten Fische. Sie bedürfen einer langen Ruhe und einer reichlichen Nahrung, um zu sammeln, was sie an galvanischer Kraft verschwendet haben. Schwächer und schwächer erschüttern nun allmählich ihre Schläge. Vom Geräusch der stampfenden Pferde erschreckt, nahen sie sich furchtsam dem Ufer, wo sie durch Harpune verwundet und mit dürrem, nicht leitendem Holze auf die Steppe gezogen werden.

Dies ist der wunderbare Kampf der Pferde und Fische. Was unsichtbar die lebendige Waffe dieser Wasserbewohner ist, was, durch die Berührung feuchter und ungleichartiger Teile erweckt, in allen Organen der Tiere und Pflanzen umtreibt, was die weite Himmelsdecke donnernd entflammt, was Eisen an Eisen bindet und den stillen wiederkehrenden Gang der leitenden Nadel lenkt: alles, wie die Farbe des geteilten Lichtstrahls, fließt aus einer Quelle; alles schmilzt in eine ewige, allverbreitete Kraft zusammen.

Ich könnte hier den gewagten Versuch eines Naturgemäldes der Steppe schließen. Aber wie auf dem Ozean die Phantasie sich gern mit den Bildern ferner Küsten beschäftigt, so werfen auch wir, ehe die große Ebene uns entschwindet, vorher einen flüchtigen Blick auf die Erdstriche, welche die Steppe begrenzen.

Afrikas nördliche Wüste scheidet die beiden Menschenarten, welche ursprünglich demselben Weltteil angehören und deren unausgeglichener Zwist so alt als die Mythe von Osiris und Typhon scheint. Nördlich vom Atlas wohnen schlicht- und langhaarige Völkerstämme von gelber Farbe und kaukasischer Gesichtsbildung. Dagegen leben südlich vom Senegal, gegen Sudan hin, Negerhorden, die auf mannigfaltigen Stufen der Zivilisation gefunden werden. In Mittelasien ist durch die mongolische Steppe sibirische Barbarei von der uralten Menschenbildung auf der Halbinsel von Hindostan getrennt.

Auch die südamerikanischen Ebenen begrenzen das Gebiet europäischer Halbkultur. Nördlich, zwischen der Gebirgskette von Venezuela und dem antillischen Meere, liegen gewerbsame Städte, reinliche Dörfer und sorgsam bebaute Fluren aneinandergedrängt. Selbst Kunstsinn, wissenschaftliche Bildung und die edle Liebe zu Bürgerfreiheit sind längst darinnen erwacht.

Gegen Süden umgibt die Steppe eine schaudervolle Wildnis. Tausendjährige Wälder, ein undurchdringliches Dickicht erfüllen den feuchten Erdstrich zwischen dem Orinoco und dem Amazonenstrome. Mächtige, bleifarbige Granitmassen verengen das Bett der schäumenden Flüsse. Berge und Wälder hallen wider von dem Donner der stürzenden Wasser, von dem Gebrüll des tigerartigen Jaguar, von dem dumpfen, regenverkündenden Geheul der bärtigen Affen.

Wo der seichte Strom eine Sandbank übrigläßt, da liegen mit offenem Rachen, unbeweglich wie Felsstücke hingestreckt, oft bedeckt mit Vögeln, die ungeschlachten Körper der Krokodile. Den Schwanz um einen Baumast befestigt, zusammengerollt, lauert am Ufer, ihrer Beute gewiß, die schachbrett-fleckige Boaschlange. Schnell entrollt und vorgestreckt, ergreift sie in der Furt den jungen Stier oder das schwächere Wildpret, und zwängt den Raub, in Geifer gehüllt, mühsam durch den schwellenden Hals.

In dieser großen und wilden Natur leben mannigfaltige Geschlechter der Menschen. Durch wunderbare Verschiedenheit der

Sprachen gesondert, sind einige nomadisch, dem Ackerbau fremd, Ameisen Gummi und Erde genießend, ein Auswurf der Menschheit (wie die Otomaken und Jaruren); andere angesiedelt, von selbsterzielten Früchten genährt, verständig und sanfterer Sitten (wie die Maquiritarer und Macos). Große Räume zwischen dem Cassiquiare und dem Atabapo sind nur vom Tapir und von geselligen Affen, nicht von Menschen bewohnt. In Felsen gegrabene Bilder beweisen, daß auch diese Einöde einst der Sitz höherer Kultur war. Sie zeugen für die wechselnden Schicksale der Völker, wie es auch die ungleich entwickelten, biegsamen Sprachen tun, welche zu den ältesten und unvergänglichsten historischen Denkmälern der Menschheit gehören.

Wenn aber in der Steppe Tiger und Krokodile mit Pferden und Rindern kämpfen, so sehen wir an ihrem waldigen Ufer, in den Wildnissen der Guyana, ewig den Menschen gegen den Menschen gerüstet. Mit unnatürlicher Begier trinken hier einzelne Völkerstämme das ausgesogene Blut ihrer Feinde; andere würgen, scheinbar waffenlos und doch zum Morde vorbereitet, mit vergiftetem Daumnagel. Die schwächeren Horden, wenn sie das sandige Ufer betreten, vertilgen sorgsam mit den Händen die Spur ihrer schüchternen Tritte.

So bereitet der Mensch auf der untersten Stufe tierischer Roheit, so im Scheinglanze seiner höheren Bildung sich stets ein mühevolles Leben. So verfolgt den Wanderer über den weiten Erdkreis, über Meer und Land, wie den Geschichtsforscher durch alle Jahrhunderte das einförmige, trostlose Bild des entzweiten Geschlechts.

Darum versenkt, wer im ungeschlichteten Zwist der Völker nach geistiger Ruhe strebt, gern den Blick in das stille Leben der Pflanzen und in der heiligen Naturkraft inneres Wirken; oder, hingegeben dem angestammten Triebe, der seit Jahrtausenden der Menschen Brust durchglüht, blickt er ahndungsvoll aufwärts zu den hohen Gestirnen, welche in ungestörtem Einklang die alte, ewige Bahn vollenden.

Über die Wasserfälle des Orinoco bei Atures und Maipures

In dem vorigen Abschnitte, welchen ich zum Gegenstand einer akademischen Vorlesung gemacht, habe ich die unermeßlichen Ebenen geschildert, deren Naturcharakter durch klimatische Verhältnisse mannigfaltig modifiziert wird und die bald als pflanzenleere Räume (Wüsten), bald als Steppen oder weitgedehnte Grasfluren erscheinen. Mit den Llanos, im südlichen Teile des Neuen Kontinents, kontrastieren die furchtbaren Sandmeere, welche das Innere von Afrika einschließt, mit diesen die Steppen von Mittelasien, der Wohnsitz weltbestürmender Hirtenvölker, die einst, von Osten her gedrängt, Barbarei und Verwüstung über die Erde verbreitet haben.

Wenn ich damals (1806) es wagte, große Massen in ein Naturgemälde zu vereinigen, und eine öffentliche Versammlung mit Gegenständen zu unterhalten, deren Kolorit der trüben Stimmung unseres Gemüts entsprach, so werde ich jetzt, auf einen engeren Kreis von Erscheinungen eingeschränkt, das freundlichere Bild eines üppigen Pflanzenwuchses und schäumender Flußtäler entwerfen. Ich beschreibe zwei Naturszenen aus den Wildnissen der Guyana: *Atures* und *Maipures*, die weitberufenen, aber vor mir von wenigen Europäern besuchten *Wasserfälle des Orinoco*.

Der Eindruck, welchen der Anblick der Natur in uns zurückläßt, wird minder durch die Eigentümlichkeit der Gegend als durch die Beleuchtung bestimmt, unter der Berg und Flur, bald bei ätherischer Himmelsbläue, bald im Schatten tiefschwebenden Gewölkes, erscheinen. Auf gleiche Weise wirken Naturschilderungen stärker oder schwächer auf uns ein, je nachdem sie mit den Bedürfnissen unserer Empfindung mehr oder minder in Einklang stehen. Denn in dem innersten, empfänglichen Sinne spiegelt lebendig und wahr sich die physische Welt. Was den Charakter einer Landschaft bezeichnet: Umriß der Gebirge, die in duftiger Ferne den Horizont begrenzen, das Dunkel der Tannenwälder, der Waldstrom, welcher tobend zwischen überhangende Klippen hinstürzt: alles steht in altem, geheimnisvollem Verkehr mit dem gemütlichen Leben des Menschen.

Auf diesem Verkehr beruht der edlere Teil des Genusses, den die Natur gewährt. Nirgends durchdringt sie uns mehr mit dem Gefühl ihrer Größe, nirgends spricht sie uns mächtiger an als in der Tropenwelt: unter dem »indischen Himmel«, wie man im frühen Mittelalter das Klima der heißen Zone benannte. Wenn ich es daher wage, diese Versammlung aufs neue mit einer Schilderung jener Gegenden zu unterhalten, so darf ich hoffen, daß der eigentümliche Reiz derselben nicht ungefühlt bleiben wird. Die Erinnerung an ein fernes, reichbegabtes Land, der Anblick eines freien, kraftvollen Pflanzenwuchses erfrischt und stärkt das Gemüt, wie, *von der Gegenwart bedrängt*, der emporstrebende Geist sich gern des Jugendalters der Menschheit und ihrer einfachen Größe erfreut.

Westliche Strömung und tropische Winde begünstigen die Fahrt durch den friedlichen Meeresarm, der das weite Tal zwischen dem Neuen Kontinent und dem westlichen Afrika erfüllt. Ehe noch die Küste aus der hochgewölbten Fläche hervortritt, bemerkt man ein Aufbrausen sich gegenseitig durchschneidender und überschäumender Wellen. Schiffer, welche der Gegend unkundig sind, würden die Nähe von Untiefen oder ein wunderbares Ausbrechen süßer Quellen wie mitten im Ozean zwischen den antillischen Inseln vermuten.

Der Granitküste der Guyana näher, erscheint die weite Mündung eines mächtigen Stromes, welcher wie ein uferloser See hervorbricht und rund umher den Ozean mit süßem Wasser überdeckt. Die grünen, aber auf den Untiefen milchweißen Wellen des Flusses kontrastieren mit der indigblauen Farbe des Meeres, die jene Flußwellen in scharfen Umrissen begrenzt.

Der Name Orinoco, welchen die ersten Entdecker dem Flusse gegeben und der wahrscheinlich einer Sprachverwirrung seinen Ursprung verdankt, ist tief im Innern des Landes unbekannt. Im Zustande tierischer Roheit bezeichnen die Völker nur solche Gegenstände mit eigenen geographischen Namen, welche mit andern verwechselt werden können. Der Orinoco, der Amazonen- und Magdalenen-Strom werden schlechthin *der Fluß*, allenfalls *der große Fluß, das große Wasser* genannt: während die Uferbewohner die kleinsten Bäche durch besondere Namen unterscheiden.

Die Strömung, welche der Orinoco zwischen dem südamerikanischen Kontinent und der asphaltreichen Insel Trinidad erregt, ist so mächtig, daß Schiffe, die bei frischem Westwinde mit ausgespannten Segeln dagegen anstreben, sie kaum zu überwinden vermögen. Diese öde und gefürchtete Gegend wird die *Trauerbucht* (Golfo triste) genannt. Den Eingang bildet der *Drachenschlund* (boca del Drago). Hier erheben sich einzelne Klippen turmähnlich zwischen der tobenden Flut. Sie bezeichnen gleichsam den alten Felsdamm, welcher von der Strömung durchbrochen, die Insel Trinidad mit der Küste Paria vereinigte.

Der Anblick dieser Gegend überzeugte zuerst den kühnen Weltentdecker Colon von der Existenz eines amerikanischen Kontinents. »Eine so ungeheure Masse süßen Wassers (schloß der naturkundige Mann) könnte sich nur bei großer Länge des Stromes sammeln. Das Land, welches diese Wasser liefere, müsse ein Kontinent und keine Insel sein.« Wie die Gefährten Alexanders, über den schneebedeckten Paropanisus vordrängend, nach Arrian in dem krokodilreichen Indus einen Teil des Nils zu erkennen glaubten, so wähnte Colon, der physiognomischen Ähnlichkeit aller Erzeugnisse des Palmenklimas unkundig, daß jener Neue Kontinent die östliche Küste des weit vorgestreckten Asiens sei. Milde Kühle der Abendluft, ätherische Reinheit des gestirnten Firmaments, Balsamduft der Blüten, welchen der Landwind zuführte: alles ließ ihn ahnden (so erzählt Herrera in den Decaden), daß er sich hier dem Garten von Eden, dem heiligen Wohnsitz des ersten Menschengeschlechts genähert habe. Der Orinoco schien ihm einer von den vier Strömen, welche nach der ehrwürdigen Sage der Vorwelt von dem Paradiese herabkommen, um die mit Pflanzen neugeschmückte Erde zu wässern und zu teilen. Diese poetische Stelle aus Colons Reisebericht, oder vielmehr aus einem Briefe an Ferdinand und Isabella aus Haiti (Oktober 1498), hat ein eigentümliches psychisches Interesse. Sie lehrt aufs neue, daß die schaffende Phantasie des Dichters sich im Weltentdecker, wie in jeglicher Größe menschlicher Charaktere, ausspricht.

Wenn man die Wassermenge betrachtet, die der Orinoco dem atlantischen Ozean zuführt, so entsteht die Frage: welcher der südamerikanischen Flüsse, ob der Orinoco, der Amazonen- oder La-Plata-Strom, der größte sei? Die Frage ist unbestimmt wie der Begriff von Größe selbst. Die weiteste Mündung hat der Rio de la Plata, dessen Breite 23 geogr. Meilen beträgt. Aber dieser Fluß ist, wie die englischen Flüsse, verhältnismäßig von einer geringeren Länge. Seine unbeträchtliche Tiefe wird schon bei der Stadt Buenos Aires der Schiffahrt hinderlich. Der Amazonenstrom ist der längste aller Flüsse. Von seinem Ursprung im See Lauricocha bis zu seinem Ausfluß beträgt sein Lauf 720 geogr. Meilen. Dagegen ist seine Breite in der Provinz Jaen de Bracamoros bei der Katarakte von Rentama, wo ich ihn unterhalb des pittoresken Gebirges Patachuma maß, kaum gleich der Breite unsers Rheines bei Mainz.

Wie der Orinoco bei seiner Mündung schmäler ist als der La-Plata- und Amazonen-Strom, so beträgt auch seine Länge, nach meinen astronomischen Beobachtungen, nur 280 geogr. Meilen. Dagegen fand ich tief im Innern der Guyana, 140 Meilen von der Mündung entfernt, bei hohem Wasserstande den Fluß noch über 16 200 Fuß breit. Sein periodisches Anschwellen erhebt dort den Wasserspiegel jährlich 28 bis 34 Fuß hoch über den Punkt des niedrigsten Standes. Zu einer genauen Vergleichung der ungeheuren Ströme, welche den südamerikanischen Kontinent durchschneiden, fehlt es bisher an hinlänglichen Materialien. Um dieselbe anzustellen, müßte man das Profil des Strombettes und seine in jedem Teile so verschiedene Geschwindigkeit kennen.

Zeigt der Orinoco in dem Delta, welches seine vielfach geteilten, noch unerforschten Arme einschließen, in der Regelmäßigkeit seines Anschwellens und Sinkens, in der Menge und Größe seiner Krokodile mannigfaltige Ähnlichkeit mit dem Nilstrome, so sind beide auch darin einander analog, daß sie lange als brausende Waldströme zwischen Granit- und Syenitgebirgen sich durchwinden, bis sie, von baumlosen Ufern begrenzt, langsam, fast auf söhliger Fläche, hinfließen. Von dem berufenen Bergsee bei Gondar der abessinischen Gojam-Alpen, bis Syene und Elephantine hin, dringt ein Arm des Nils (der grüne, Bahr el-Azrek) durch die Gebirge von Schangalla und Sennaar. Ebenso entspringt der Orinoco an dem südlichen Abfalle der Bergkette, welche sich unter dem 4. und 5. Grade nördlicher Breite, von der französischen Guyana aus, westlich gegen die Andes von Neu-Granada vorstreckt. Die Quellen des Orinoco sind von keinem Europäer, ja von keinem Eingebornen, der mit den Europäern in Verkehr getreten ist, besucht worden.

Als wir im Sommer 1800 den Ober-Orinoco beschifften, gelangten wir jenseits der Mission der Esmeralda zu den Mündungen des Sodomoni und Guapo. Hier ragt hoch über den Wolken der mächtige Gipfel des Yeonnamari oder Duida hervor: ein Berg, der nach meiner trigonometrischen Messung sich 8278 Fuß über den Meeresspiegel erhebt und dessen Anblick eine der herrlichsten Naturszenen der Tropenwelt darbietet. Sein südlicher Abfall ist eine baumleere Grasflur. Dort erfüllen weit umher Ananasdüfte die feuchte Abendluft. Zwischen niedrigen Wiesenkräutern erheben sich die saftstrotzenden Stengel der Bromelien. Unter der blaugrünen Blätterkrone leuchtet fernhin die goldgelbe Frucht. Wo unter der Grasdecke die Bergwasser ausbrechen, da stehen einzelne Gruppen hoher Fächerpalmen. Ihr Laub wird in diesem heißen Erdstriche nie von kühlenden Luftströmen bewegt.

Östlich vom Duida beginnt ein Dickicht von wilden Kakaostämmen, welche den berufenen Mandelbaum, Bertholletia excelsa, das kraftvollste Erzeugnis der Tropenwelt, umgeben. Hier sammeln die Indianer das Material zu ihren Blasröhren: kolossale Grasstengel, die von Knoten zu Knoten über 17 Fuß lange Glieder haben. Einige Franziskanermönche sind bis zur Mündung des Chiguire vorgedrungen, wo der Fluß bereits so schmal ist, daß die Eingebornen über denselben, nahe am Wasserfall der Guahariben, aus rankenden Pflanzen eine Brücke geflochten haben. Die Guaicas, eine weißliche, aber kleine Menschenrasse, mit vergifteten Pfeilen bewaffnet, verwehren das weitere Vordringen gegen Osten.

Daher ist alles fabelhaft, was man von dem Ursprunge des Orinoco aus einem See vorgegeben. Vergebens sucht man in der Natur die Lagune des Dorado, welche noch Arrowsmiths Karten als ein 20 geogr. Meilen langes inländisches Meer bezeichnen. Sollte der mit Schilf bedeckte kleine See Amucu, bei welchem der Pirara (ein Zweig des Mahu) entspringt, die Mythe veranlaßt haben? Dieser Sumpf liegt indes 4 Grad östlicher als die Gegend, in welcher man die Orinocoquellen vermuten darf. In ihn versetzte man die Insel Pumacena: einen Fels von Glimmerschiefer, dessen Glanz seit dem 16. Jahrhundert in der Fabel des Dorado eine denkwürdige, für die betrogene Menschheit oft verderbliche Rolle gespielt hat.

Nach der Sage vieler Eingebornen sind die Magellanischen Wolken des südlichen Himmels, ja die herrlichen Nebelflecken des Schiffes Argo[4] , ein Wiederschein von dem metallischen Glanze jener Silberberge der Parime. Auch ist es eine uralte Sitte dogmatisierender Geographen, alle beträchtlichen Flüsse der Welt aus Landseen entstehen zu lassen.

Der Orinoco gehört zu den sonderbaren Strömen, die, nach mannigfaltigen Wendungen gegen Westen und Norden, zuletzt dergestalt gegen Osten zurücklaufen, daß sich ihre Mündung fast in einem Meridian mit ihren Quellen befindet. Vom Chiguire und Gehette bis zum Guaviare hin ist der Lauf des Orinoco westlich, als wolle er seine Wasser dem Stillen Meere zuführen. In dieser Strecke sendet er gegen Süden den in Europa wenig bekannten Cassiquiare, einen merkwürdigen Arm aus, welcher sich mit dem Rio Negro oder (wie ihn die Eingebornen nennen) mit dem Guainia vereinigt: das einzige Beispiel einer Bifurkation im Innersten eines Kontinents, einer natürlichen Verbindung zwischen zwei großen Flußtälern.

---

[4] [Argo: Ein Sternbild des Südhimmels, heute unter den Namen seiner Bestandteile Puppis, Carina, Vela und Pyxis bekannt.]

Die Natur des Bodens und der Eintritt des Guaviare und Atabapo in den Orinoco bestimmen den letzteren, sich plötzlich gegen Norden zu wenden. Aus geographischer Unkunde hat man den von Westen zuströmenden Guaviare lange als den wahren Ursprung des Orinoco betrachtet. Die Zweifel, welche ein berühmter Geograph, Herr Buache, seit dem Jahr 1797 gegen die Möglichkeit einer Verbindung mit dem Amazonenstrome erregte, sind, wie ich hoffe, durch meine Expedition vollkommen widerlegt worden. Bei einer ununterbrochenen Schiffahrt von 230 geographischen Meilen bin ich, durch ein sonderbares Flußnetz, vom Rio Negro mittelst des Cassiquiare in den Orinoco, durch das Innere des Kontinents, von der brasilianischen Grenze bis zur Küste von Caracas gelangt.

In diesem oberen Teile des Flußgebiets zwischen dem 3. und 4. Grade nördlicher Breite hat die Natur die rätselhafte Erscheinung der sogenannten schwarzen Wasser mehrmals wiederholt. Der Atabapo, dessen Ufer mit Carolineen und baumartigen Melastomen geschmückt ist, der Temi, Tuamini und Guainia sind Flüsse von kaffeebrauner Farbe. Diese Farbe geht im Schatten der Palmengebüsche fast in Tintenschwärze über. In durchsichtigen Gefäßen ist das Wasser goldgelb. Mit wunderbarer Klarheit spiegelt sich in diesen schwarzen Strömen das Bild der südlichen Gestirne. Wo die Wasser sanft hinrieseln, da gewähren sie dem Astronomen, welcher mit Reflexionsinstrumenten beobachtet, den vortrefflichsten künstlichen Horizont.

Mangel an Krokodilen, aber auch an Fischen, größere Kühlung, mindere Plage der stechenden Moskitos, und Salubrität der Luft bezeichnen die Region der schwarzen Flüsse. Wahrscheinlich verdanken sie ihre sonderbare Farbe einer Auflösung von gekohltem Wasserstoff, der Üppigkeit der Tropenvegetation und der Kräuterfülle des Bodens, auf dem sie hinfließen. In der Tat habe ich bemerkt, daß am westlichen Abfall des Chimborazo, gegen die Küste der Südsee hin, die ausgetretenen Wasser des Rio de Guayaquil allmählich eine goldgelbe, fast kaffeebraune Farbe annehmen, wenn sie wochenlang die Wiesen bedecken.

Unfern der Mündung des Guaviare und Atabapo findet sich eine der edelsten Formen aller Palmengewächse, der Piriguao, dessen glatter, 60 Fuß hoher Stamm mit schilfartig zartem, an den Rändern gekräuseltem Laube geschmückt ist. Ich kenne keine Palme, welche gleich große und gleich schön gefärbte Früchte trägt. Diese Früchte sind Pfirsichen ähnlich, gelb, mit Purpurröte untermischt. Siebzig bis achtzig derselben bilden ungeheure Trauben, deren jährlich jeder Stamm drei zur Reife bringt. Man könnte dieses herrliche Gewächs eine Pfirsich-Palme nennen. Die fleischigen Früchte sind wegen der großen Üppigkeit der Vegetation meist samenlos. Sie gewähren deshalb den Eingeborenen eine nahrhafte und mehlreiche Speise, die, wie Pisang und Kartoffeln, einer mannigfaltigen Zubereitung fähig ist.

Bis hierher, oder bis zur Mündung des Guaviare, läuft der Orinoco längs dem südlichen Abfall des Gebirges Parime hin; aber von seinem linken Ufer bis weit jenseits des Äquators, gegen den 15. Grad südlicher Breite hin, dehnt sich die unermeßliche, waldbedeckte Ebene des Amazonenstromes aus. Wo nun der Orinoco bei San Fernando de Atabapo sich plötzlich gegen Norden wendet, durchbricht er einen Teil der Gebirgskette selbst. Hier liegen die großen Wasserfälle von Atures und Maipures. Hier ist das Strombette überall durch kolossale Felsmassen verengt, gleichsam in einzelne Wasserbehälter durch natürliche Dämme abgeteilt.

Vor der Mündung des Meta steht in einem mächtigen Strudel eine isolierte Klippe, welche die Eingebornen sehr passend den *Stein der Geduld* nennen, weil sie bei niedrigem Wasser den aufwärts Schiffenden bisweilen einen Aufenthalt von zwei vollen Tagen kostet. Tief in das Land eindringend, bildet hier der Orinoco malerische Felsbuchten. Der Indianermission Carichana gegenüber wird der Reisende durch einen sonderbaren Anblick überrascht. Unwillkürlich haftet das Auge auf einem schroffen Granitfelsen, el Mogote de Cocuyza, einem Würfel, der, 200 Fuß hoch senkrecht abgestürzt, auf seiner oberen Fläche einen Wald von Laubholz trägt. Wie ein kyklopisches Monument von einfacher Größe erhebt sich diese Felsmasse hoch über dem Gipfel der umherstehenden Palmen. In scharfen Umrissen schneidet sie sich gegen die tiefe Bläue des Himmels ab: ein Wald über dem Walde.

Schifft man in Carichana weiter abwärts, so gelangt man an den Punkt, wo der Strom sich einen Weg durch den engen Paß von Baraguan gebahnt hat. Hier erkennt man überall Spuren chaotischer

Verwüstung. Nördlicher gegen Uruana und Encaramada hin erheben sich Granitmassen von groteskem Ansehen. In wunderbare Zacken geteilt und von blendender Weiße, leuchten sie hoch aus dem Gebüsche hervor.

In dieser Gegend, von der Mündung des Apure an, verläßt der Strom die Granitkette. Gegen Osten gerichtet, scheidet er, bis zu dem Atlantischen Ozean hin, die undurchdringlichen Wälder der Guyana von den Grasfluren, auf denen in unabsehbarer Ferne das Himmelsgewölbe ruht. So umgibt der Orinoco von drei Seiten: gegen Süden, gegen Westen und gegen Norden, den hohen Gebirgsstock der Parime, welcher den weiten Raum zwischen den Quellen des Jao und Caura ausfüllt. Auch ist der Strom klippen- und strudelfrei von Carichana bis zu seinem Ausfluß hin: den Höllenschlund (Boca del Infierno) bei Muitaco abgerechnet, einen Wirbel, der von Felsen verursacht wird, welche aber nicht, wie die bei Atures und Maipures, das ganze Strombette verdämmen. In dieser meernahen Gegend kennen die Schiffenden keine andere Gefahr als die der natürlichen Flöße, gegen welche zumal bei Nacht die Canots oftmals scheitern. Diese Flöße bestehen aus Waldbäumen, welche durch den wachsenden Strom am Ufer entwurzelt und fortgerissen werden. Mit blühenden Wasserpflanzen wiesenartig bedeckt, erinnern sie an die schwimmenden Gärten der mexikanischen Seen.

Nach diesem schnellen Überblick des Laufs des Orinoco und seiner allgemeinsten Verhältnisse gehe ich zur Beschreibung der Wasserfälle von Maipures und Atures über.

Von dem hohen Gebirgsstock Cunavami aus, zwischen den Quellen der Flüsse Sipapo und Ventuari, drängt sich ein Granitrücken weit gegen Westen, nach dem Gebirge Uniama, vor. Von diesem Rücken fließen vier Bäche herab, welche die Katarakte von Maipures gleichsam begrenzen: an dem östlichen Ufer des Orinoco der Sipapo und Sanariapo, an dem westlichen Ufer der Cameji und der Toparo. Wo das Missionsdorf Maipures liegt, bilden die Berge einen weiten, gegen Südwesten geöffneten Busen.

Der Strom fließt jetzt schäumend an dem östlichen Berggehänge hin. Fern in Westen erkennt man das alte verlassene Ufer. Eine weite Grasflur dehnt sich zwischen beiden Hügelketten aus. In dieser haben die Jesuiten eine kleine Kirche von Palmenstämmen gebaut.

Die Ebene ist kaum 30 Fuß über dem oberen Wasserspiegel des Flusses erhaben.

Der geognostische Anblick dieser Gegend, die Inselform der Felsen Keri und Oco, die Höhlungen, welche die Flut in dem ersten dieser Hügel ausgewaschen und welche mit den Löchern in der gegenüberliegenden Insel Uivitari genau in gleicher Höhe liegen: alle diese Erscheinungen beweisen, daß der Orinoco einst diese ganze, jetzt trockene Bucht ausfüllte. Wahrscheinlich bildeten die Wasser einen weiten See, solange der nördliche Damm Widerstand leistete. Als der Durchbruch erfolgte, trat zuerst die Grasflur, welche jetzt die Guareken-Indianer bewohnen, als Insel hervor. Vielleicht umgab der Fluß noch lange die Felsen Keri und Oco, die, wie Bergschlösser aus dem alten Strombette hervorragend, einen malerischen Anblick gewähren. Bei der allmählichen Wasserverminderung zogen die Wasser sich ganz an die östliche Bergkette zurück.

Diese Vermutung wird durch mehrere Umstände bestätigt. Der Orinoco hat nämlich, wie der Nil bei Philä und Syene, die merkwürdige Eigenschaft, die rötlich-weißen Granitmassen, welche er Jahrtausende lang benetzt, schwarz zu färben. So weit die Wasser reichen, bemerkt man am Felsufer einen bleifarbenen, mangan- und vielleicht auch kohlenstoffhaltigen Überzug, der kaum eine Zehntel-Linie tief in das Innere des Gesteins eindringt. Diese Schwärzung und die Höhlungen, deren wir oben erwähnten, bezeichnen den alten Wasserstand des Orinoco.

Im Felsen Keri, in den Inseln der Katarakten, in der gneißartigen Hügelkette Cumadaminari, welche oberhalb der Insel Tomo fortläuft, an der Mündung des Jao endlich: sieht man jene schwarzen Höhlungen 150 bis 180 Fuß über dem heutigen Wasserspiegel erhaben. Ihre Existenz lehrt (was übrigens auch in Europa in allen Flußbetten zu bemerken ist), daß die Ströme, deren Größe jetzt unsre Bewunderung erregt, nur schwache Überreste von der ungeheuren Wassermenge der Vorzeit sind.

Selbst den rohen Eingeborenen der Guyana sind diese einfachen Bemerkungen nicht entgangen. Überall machten uns die Indianer auf die Spuren des alten Wasserstandes aufmerksam. Ja in einer Grasflur bei Uruana liegt ein isolierter Granitfels, in welchen (laut der Erzählung glaubwürdiger Männer) in 80 Fuß Höhe, Bilder der

Sonne, des Mondes und mannigfaltiger Tiere, besonders Bilder von Krokodilen und Boaschlangen, fast reihenweise eingegraben sind. Ohne Gerüste kann gegenwärtig niemand an jener senkrechten Wand hinaufsteigen, welche die aufmerksamste Untersuchung künftiger Reisenden verdient. In eben dieser wunderbaren Lage befinden sich die hieroglyphischen Steinzüge in den Gebirgen von Uruana und Encaramada.

Fragt man die Eingeborenen, wie jene Züge eingegraben werden konnten, so antworten sie: es sei zur Zeit der hohen Wasser geschehen, weil ihre Väter damals in dieser Höhe schifften. Ein solcher Wasserstand war also eines Alters mit den rohen Denkmälern menschlichen Kunstfleißes. Er deutet auf eine ehemalige sehr verschiedene Verteilung des Flüssigen und des Festen, auf einen vormaligen Zustand der Erdoberfläche, der jedoch mit demjenigen nicht verwechselt werden muß, in welchem der erste Pflanzenschmuck unseres Planeten, die riesenmäßigen Körper ausgestorbener Landtiere und die pelagischen Geschöpfe einer chaotischen Vorwelt in der sich erhärtenden Erdrinde ihr Grab fanden.

Der nördlichste Ausgang der Katarakten zieht die Aufmerksamkeit auf sich durch die sogenannten natürlichen Bilder der Sonne und des Mondes. Der Felsen Keri, dessen ich schon mehrmals erwähnt, hat nämlich seine Benennung von einem fernleuchtenden weißen Flecken, in welchem die Indianer eine auffallende Ähnlichkeit mit der vollen Mondscheibe zu erkennen glauben. Ich habe selbst nicht diese steile Felswand erklimmen können; aber wahrscheinlich ist der weiße Flecken ein mächtiger Quarzknoten, welchen zusammenscharende Gänge in dem graulich-schwarzen Granite bilden.

Dem Keri gegenüber, auf dem basaltähnlichen Zwillingsberge der Insel Uivitari, zeigen die Indianer mit geheimnisvoller Bewunderung eine ähnliche Scheibe, welche sie als das Bild der Sonne, Camosi, verehren. Vielleicht hat die geographische Lage beider Felsen mit zu dieser Benennung beigetragen, denn in der Tat fand ich Keri gegen Abend und Camosi gegen Morgen gerichtet. Etymologisierende Sprachforscher haben in dem amerikanischen Worte Camosi einige Ähnlichkeit mit Camosh, dem Sonnennamen in einem der phönikischen Dialekte, mit Apollo Chomeus, oder Beelphegor und Amun, erkennen wollen.

Die Katarakten von Maipures bestehen nicht, wie der 140 Fuß hohe Fall des Niagara, in dem einmaligen Herabstürzen einer großen Wassermasse. Sie sind auch nicht Flußengen: Pässe, durch welche sich der Strom mit beschleunigter Geschwindigkeit durchdrängt, wie der Pongo von Manseriche im Amazonenflusse. Die Katarakten von Maipures erscheinen als eine zahllose Menge kleiner Kaskaden, die reihenweise wie Staffeln aufeinander folgen. Der Raudal (so nennen die Spanier diese Art von Katarakten) wird durch einen Archipelagus von Inseln und Klippen gebildet, welche das 8000 Fuß weite Flußbette dermaßen verengen, daß oft kaum ein 20 Fuß breites freies Fahrwasser übrigbleibt. Die östliche Seite ist gegenwärtig weit unzugänglicher und gefahrvoller als die westliche.

An dem Ausfluß des Cameji ladet man die Güter aus, um das leere Canot, oder, wie man hier sagt, die Piragua, durch die des Raudals kundigen Indianer bis zur Mündung des Toparo zu führen, wo man die Gefahr für überwunden hält. Sind die einzelnen Klippen oder Staffeln (jede derselben wird mit einem eigenen Namen bezeichnet) nicht über 2 bis 3 Fuß hoch, so wagen es die Eingebornen, sich mit dem Canot herabzulassen. Geht aber die Fahrt stromaufwärts, so schwimmen sie voran, schlingen nach vieler vergeblicher Anstrengung ein Seil um die Felsspitzen, welche aus dem Strudel hervorragen, und ziehen, mittelst dieses Seils, das Fahrzeug empor. Bei dieser mühevollen Arbeit wird das letztere oft gänzlich mit Wasser gefüllt oder umgestürzt.

Bisweilen, und diesen Fall allein besorgen die Eingebornen, zerschellt das Canot auf der Klippe. Mit blutigem Körper suchen sich dann die Lotsen dem Strudel zu entwinden und schwimmend das Ufer zu erreichen. Wo die Staffeln sehr hoch sind, wo der Felsdamm das ganze Bette durchsetzt, wird der leichte Kahn ans Land gebracht und am nahen Ufer auf untergelegten Baumzweigen, wie auf Walzen, eine Strecke fortgezogen.

Die berufensten und schwierigsten Staffeln sind Purimarimi und Manimi. Sie haben 9 Fuß Höhe. Mit Erstaunen habe ich durch Barometermessungen gefunden (ein geodätisches Nivellement ist wegen der Unzugänglichkeit des Lokals und bei der verpesteten, mit zahllosen Moskitos gefüllten Luft nicht auszuführen), daß das ganze Gefälle des Raudals, von der Mündung des Cameji bis zu der des Toparo, kaum 28 bis 30 Fuß beträgt. Ich sage: mit Erstaunen, denn man erkennt daraus, daß das fürchterliche Getöse und das wilde Aufschäumen des Flusses Folge der Verengung des Bettes durch zahllose Klippen und Inseln, Folge des Gegenstromes ist, welchen Form und Lage der Felsmassen veranlassen. Von der Wahrheit dieser Behauptung, von der geringen Höhe des ganzen Gefälles, überzeugt man sich am besten, wenn man aus dem Dorfe Maipures über den Felsen Manimi zum Flußbette hinabsteigt.

Hier ist der Punkt, wo man eines wundervollen Anblicks genießt. Eine meilenlange schäumende Fläche bietet sich auf einmal dem Auge dar. Eisenschwarze Felsmassen ragen ruinen- und burgartig aus derselben hervor. Jede Insel, jeder Stein ist mit üppig anstrebenden Waldbäumen geschmückt. Dichter Nebel schwebt ewig über dem Wasserspiegel. Durch die dampfende Schaumwolke dringen die Gipfel der hohen Palmen. Wenn sich im feuchten Dufte der Strahl der glühenden Abendsonne bricht, so beginnt ein optischer Zauber. Farbige Bögen verschwinden und kehren wieder. Ein Spiel der Lüfte, schwankt das ätherische Bild.

Umher auf den nackten Felsen haben die rieselnden Wasser in der langen Regenzeit Inseln von Dammerde zusammengehäuft. Mit Melastomen und Droseren, mit kleinen silberblättrigen Mimosen und Farnkräutern geschmückt, bilden sie Blumenbeete mitten auf dem öden Gestein. Sie rufen bei dem Europäer das Andenken an jene Pflanzengruppen zurück, welche die Alpenbewohner Courtils nennen: Granitblöcke, mit Blüten bedeckt, die einsam aus den savoyischen Gletschern hervorragen.

In blauer Ferne ruht das Auge auf der Gebirgskette Cunavami: einem langgedehnten Bergrücken, der prallig in einem abgestumpften Kegel sich endigt. Den letztern (Calitamini ist sein indischer Name) sahen wir bei untergehender Sonne wie in rötlichem Feuer glühen. Diese Erscheinung kehrt täglich wieder. Niemand ist je in der Nähe dieser Berge gewesen. Vielleicht rührt der Glanz von einer spiegelnden Ablösung von Talk- oder Glimmerschiefer her.

Während der 5 Tage, welche wir in der Nähe der Katarakten zubrachten, war es auffallend, wie man das Getöse des tobenden Stroms dreimal stärker bei Nacht als bei Tage vernahm. Bei allen europäischen Wasserfällen bemerkt man die nämliche Erscheinung. Was kann die Ursache derselben in einer Einöde sein, wo nichts die Ruhe der Natur unterbricht? wahrscheinlich die Ströme aufsteigender warmer Luft, welche, durch ungleiche Mischung des elastischen Mittels, der Fortpflanzung des Schalles hinderlich sind, die Schallwellen mannigfach brechen und während der nächtlichen Erkältung der Erdrinde aufhören.

Die Indianer zeigten uns Spuren von Wagengleisen. Sie reden mit Bewunderung von den gehörnten Tieren (Ochsen), welche zur Zeit, als hier die Jesuiten ihr Bekehrungsgeschäft trieben, die Canots auf Wagen auf dem linken Orinocoufer von der Mündung des Cameji zu der des Toparo zogen. Die Fahrzeuge blieben damals beladen und wurden nicht wie jetzt durch das beständige Stranden und Hinschieben auf den rauhen Klippen abgenutzt.

Der Situationsplan, welchen ich von der umliegenden Gegend entworfen habe, zeigt, daß selbst ein Kanal vom Cameji zum Toparo eröffnet werden kann. Das Tal, in dem jene wasserreichen Bäche fließen, ist sanft verflächt. Der Kanal, dessen Ausführung ich dem Generalgouverneur von Venezuela vorgeschlagen, würde, als ein schiffbarer Seitenarm des Flusses, das alte, gefahrvolle Strombette entbehrlich machen.

Der Raudal von Atures ist ganz dem Raudal von Maipures ähnlich: wie dieser, eine Inselwelt, zwischen welcher der Strom sich in einer Länge von 3–4000 Toisen durchdrängt; ein Palmengebüsch, mitten aus dem schäumenden Wasserspiegel hervortretend. Die berufensten Staffeln der Katarakte liegen zwischen den Inseln Avaguri und Javariveni, zwischen Suripamana und Uirapuri.

Als wir, Herr Bonpland und ich, von den Ufern des Rio Negro zurückkehrten, wagten wir es, die letzte oder untere Hälfte des Raudals von Atures mit dem beladenen Canot zu passieren. Wir stiegen mehrmals auf den Klippen aus, welche, als Dämme, Insel mit Insel verbinden. Bald stürzen die Wasser über diese Dämme weg, bald fallen sie mit dumpfem Getöse in das Innere derselben. Daher sind oft ganze Strecken des Flußbettes trocken, weil der Strom sich durch unterirdische Kanäle einen Weg bahnt. Hier nisten die goldgelben Klippenhühner (Pipra rupicola): einer der schönsten Vögel der Tropenwelt, mit doppelter beweglicher Federkrone, streitbar wie der ostindische Haushahn.

Im Raudal von Canucari bilden aufgetürmte Granitkugeln den Felsdamm. Wir krochen dort in das Innere einer Höhle, deren feuchte Wände mit Conferven und leuchtendem Byssus bedeckt waren. Mit fürchterlichem Getöse rauschte der Fluß hoch über uns weg. Wir fanden zufällig Gelegenheit, diese große Naturszene länger, als wir wünschen konnten, zu genießen. Die Indianer hatten uns mitten in der Katarakte verlassen. Das Canot sollte eine schmale Insel umschiffen, um uns, nach einem langen Umwege, an der unteren Spitze derselben wieder aufzunehmen. Anderthalb Stunden lang harrten wir bei furchtbarem Gewitterregen. Die Nacht brach ein; wir suchten vergebens Schutz zwischen den klüftigen Granitmassen. Die kleinen Affen, die wir monatelang in geflochtenen Käfigen mit uns führten, lockten durch ihr klagendes Geschrei Krokodile herbei, deren Größe und bleigraue Farbe ein hohes Alter andeuteten. Ich würde dieser im Orinoco so gewöhnlichen Erscheinung nicht erwähnen, hätten uns nicht die Indianer versichert, kein Krokodil sei je in den Katarakten gesehen worden; ja im Vertrauen auf ihre Behauptung hatten wir es mehrmals gewagt, uns in diesem Teile des Flusses zu baden.

Indessen nahm die Besorgnis, daß wir, durchnäßt und von dem Donner des Wassersturzes betäubt, die lange Tropennacht mitten im Raudal durchmachen müßten, mit jedem Augenblicke zu: bis die Indianer und unser Canot erschienen. Sie hatten die Staffel, auf der sie sich herablassen wollten, bei allzu niedrigem Wasserstande unzugänglich gefunden. Die Lotsen waren genötigt gewesen, in dem Labyrinth von Kanälen ein zugänglicheres Fahrwasser zu suchen.

Am südlichen Eingange des Raudals von Atures, am rechten Ufer des Flusses, liegt die unter den Indianern weit berufene Höhle von Ataruipe. Die Gegend umher hat einen großen und ernsten Naturcharakter, der sie wie zu einem Nationalbegräbnisse eignet. Man erklimmt mühsam, selbst nicht ohne Gefahr in eine große Tiefe hinabzurollen, eine steile, völlig nackte Granitwand. Es würde kaum möglich sein, auf der glatten Fläche festen Fuß zu fassen, träten nicht große Feldspatkristalle, der Verwitterung trotzend, zollang aus dem Gesteine hervor.

Kaum ist die Kuppe erreicht, so wird man durch eine weite Aussicht über die umliegende Gegend überrascht. Aus dem schäumenden Flußbette erheben sich mit Wald geschmückte Hügel. Jenseits des Stromes, über das westliche Ufer hinweg, ruht der Blick auf der unermeßlichen Grasflur des Meta. Am Horizont erscheint, wie ein drohend aufziehendes Gewölk, das Gebirge Uniama. So die Ferne; nahe umher ist alles öde und eng. Im tief gefurchten Tale schweben einsam der Geier und die krächzenden Caprimulge. An der nackten Felswand schleicht ihr schwindender Schatten hin.

Dieser Kessel ist von Bergen begrenzt, deren abgerundete Gipfel ungeheure Granitkugeln tragen. Der Durchmesser dieser Kugeln beträgt 40 bis 50 Fuß. Sie scheinen die Unterlage nur in einem einzigen Punkte zu berühren: eben als müßten sie, bei dem schwächsten Erdstoße, herabrollen.

Der hintere Teil des Felstals ist mit dichtem Laubholze bedeckt. An diesem schattigen Orte öffnet sich die Höhle von Ataruipe: eigentlich nicht eine Höhle, sondern ein Gewölbe, eine weit überhangende Klippe, eine Bucht, welche die Wasser, als sie einst diese Höhe erreichten, ausgewaschen haben. Dieser Ort ist die Gruft eines vertilgten Völkerstammes. Wir zählten ungefähr 600 wohlerhaltene Skelette, in ebenso vielen Körben, die von den Stielen des Palmenlaubes geflochten sind. Diese Körbe, welche die Indianer Mapires nennen, bilden eine Art viereckiger Säcke, die nach dem Alter des Verstorbenen von verschiedener Größe sind. Selbst neugeborene Kinder haben ihr eigenes Mapire. Die Skelette sind so vollständig, daß keine Rippe, keine Phalange fehlt.

Die Knochen sind auf dreierlei Weise zubereitet: teils gebleicht, teils mit Onoto, dem Pigment der Bixa Orellana, rot gefärbt, teils mumienartig zwischen wohlriechendem Harze in Pisangblätter eingeknetet. Die Indianer versichern, man grabe den frischen Leichnam auf einige Monate in feuchte Erde, welche das Muskelfleisch allmählich verzehre; dann scharre man ihn aus und schabe mit scharfen Steinen den Rest des Fleisches von den Knochen ab. Dies sei noch der Gebrauch mancher Horden in der Guyana. Neben den Mapires oder Körben findet man auch Urnen von halbgebranntem Tone, welche die Knochen von ganzen Familien zu enthalten scheinen.

Die größeren dieser Urnen sind 3 Fuß hoch und 5½ Fuß lang, von angenehmer ovaler Form, grünlich, mit Henkeln in Gestalt von Krokodilen und Schlangen, an dem oberen Rande mit Mäandern und Labyrinthen geschmückt. Diese Verzierungen sind ganz denen ähnlich, welche die Wände des mexikanischen Palastes bei Mitla bedecken. Man findet sie unter allen Zonen, auf den verschiedensten Stufen menschlicher Kultur: unter Griechen und Römern, wie auf den Schildern der Otaheiter und anderer Inselbewohner der Südsee, überall, wo rhythmische Wiederholung regelmäßiger Formen dem Auge schmeichelt. Die Ursachen dieser Ähnlichkeiten beruhen, wie ich an einem andern Orte entwickelt habe, mehr auf psychischen Gründen, auf der innern Natur unserer Geistesanlagen, als daß sie Gleichheit der Abstammung und alten Verkehr der Völker beweisen.

Unsere Dolmetscher konnten keine sichere Auskunft über das Alter dieser Gefäße geben. Die mehrsten Skelette schienen indes nicht über hundert Jahre alt zu sein. Es geht die Sage unter den Guareca-Indianern, die tapferen Aturer haben sich, von menschenfressenden Kariben bedrängt, auf die Klippen der Katarakten gerettet; ein trauriger Wohnsitz, in welchem der bedrängte Völkerstamm und mit ihm seine Sprache unterging. In dem unzugänglichsten Teile des Raudals befinden sich ähnliche Grüfte; ja es ist wahrscheinlich, daß die letzte Familie der Aturer spät erst ausgestorben sei. Denn in Maipures (ein sonderbares Faktum) lebt noch ein alter Papagei, von dem die Eingeborenen behaupten, daß man ihn darum nicht verstehe, weil er die Sprache der Aturer rede.

Wir verließen die Höhle bei einbrechender Nacht, nachdem wir mehrere Schädel und das vollständige Skelett eines bejahrten Mannes, zum größten Ärgernis unsrer indianischen Führer, gesammelt hatten. Einer dieser Schädel ist von Blumenbach in seinem vortrefflichen kraniologischen Werke abgebildet worden. Das Skelet selbst aber ging, wie ein großer Teil unsrer Naturaliensammlungen, besonders der entomologischen, in einem Schiffbruch verloren, welcher an der afrikanischen Küste unserem Freunde und ehemaligen Reisegefährten, dem jungen Franziskanermönche Juan Gonzalez, das Leben kostete.

Wie im Vorgefühl dieses schmerzhaften Verlustes, in ernster Stimmung, entfernten wir uns von der Gruft eines untergegangenen Völkerstammes. Es war eine der heiteren und kühlen Nächte, die unter den Wendekreisen so gewöhnlich sind. Mit farbigen Ringen umgeben, stand die Mondscheibe hoch im Zenit. Sie erleuchtete den Saum des Nebels, welcher in scharfen Umrissen, wolkenartig, den schäumenden Fluß bedeckte. Zahllose Insekten gossen ihr rötliches Phosphorlicht über die krautbedeckte Erde. Von dem lebendigen Feuer erglühte der Boden, als habe die sternenvolle Himmelsdecke sich auf die Grasflur niedergesenkt. Rankende Bignonien, duftende Vanille und gelbblühende Banisterien schmückten den Eingang der Höhle. Über dem Grabe rauschten die Gipfel der Palmen.

So sterben dahin die Geschlechter der Menschen. Es verhallt die rühmliche Kunde der Völker. Doch wenn jede Blüte des Geistes welkt, wenn im Sturm der Zeiten die Werke schaffender Kunst zerstieben, so entsprießt ewig neues Leben aus dem Schoße der Erde. Rastlos entfaltet ihre Knospen die zeugende Natur: unbekümmert, ob der frevelnde Mensch (ein nie versöhntes Geschlecht) die reifende Frucht zertritt.

Das nächtliche Tierleben im Urwalde

Wenn die stammweise so verschiedene Lebendigkeit des Naturgefühls, wenn die Beschaffenheit der Länder, welche die Völker gegenwärtig bewohnen oder auf früheren Wanderungen durchzogen haben, die Sprachen mehr oder minder mit scharf bezeichnenden Wörtern für Berggestaltung, Zustand der Vegetation, Anblick des Luftkreises, Umriß und Gruppierung der Wolken bereichern, so werden durch langen Gebrauch und durch literarische Willkür viele dieser Bezeichnungen von ihrem ursprünglichen Sinne abgewendet. Für gleichbedeutend wird allmählich gehalten, was getrennt bleiben sollte; und die Sprachen verlieren von der Anmut und Kraft, mit der sie, naturbeschreibend, den physiognomischen Charakter der Landschaft darzustellen vermögen. Um den linguistischen Reichtum zu beweisen, welchen ein inniger Kontakt mit der Natur und die Bedürfnisse des mühevollen Nomadenlebens haben hervorrufen können, erinnere ich an die Unzahl von charakteristischen Benennungen, durch die im Arabischen und Persischen Ebenen, Steppen und Wüsten unterschieden werden: je nachdem sie ganz nackt, oder mit Sand bedeckt, oder durch Felsplatten unterbrochen sind, einzelne Weideplätze umschließen oder lange Züge geselliger Pflanzen darbieten. Fast ebenso auffallend sind in altkastilianischen Idiomen die vielen Ausdrücke für die Physiognomik der Gebirgsmassen, für diejenigen ihrer Gestaltungen, welche unter allen Himmelsstrichen wiederkehren und schon in weiter Ferne die Natur des Gesteins offenbaren. Da Stämme spanischer Abkunft den Abhang der Andeskette, den gebirgigen Teil der Kanarischen Inseln, der Antillen und Philippinen bewohnen, und die Bodengestaltung dort in einem größeren Maßstabe als irgendwo auf der Erde (den Himalaja und das tibetanische Hochland etwa abgerechnet) die Lebensart der Bewohner bedingt, so hat die Formbezeichnung der Berge in der Trachyt-, Basalt- und Porphyr-Region, wie im Schiefer-, Kalk- und Sandsteingebirge in täglichem Gebrauche sich glücklich erhalten. In den gemeinsamen Schatz der Sprache geht dann auch das Neugeformte über. Der Menschen Rede wird durch alles belebt, was auf *Naturwahrheit* hindeutet: sei es in der Schilderung der von der Außenwelt empfangenen sinnlichen Eindrücke, oder des tief bewegten Gedanken und innerer Gefühle.

Das unablässige Streben nach dieser Wahrheit ist im Auffassen der Erscheinungen wie in der Wahl des bezeichnenden Ausdruckes der Zweck aller Naturbeschreibung. Es wird derselbe am leichtesten erreicht durch Einfachheit der Erzählung von dem Selbstbeobachteten, dem Selbsterlebten, durch die beschränkende Individualisierung der Lage, an welche sich die Erzählung knüpft. Verallgemeinerung physischer Ansichten, Aufzählung der Resultate gehört in die *Lehre vom Kosmos*, die freilich noch immer für uns eine induktive Wissenschaft ist; aber die lebendige Schilderung der Organismen (der Tiere und der Pflanzen) in ihrem landschaftlichen, örtlichen Verhältnis zur vielgestalteten Erdoberfläche (als ein kleines Stück des gesamten Erdenlebens) bietet das Material zu jener Lehre dar. Sie wirkt anregend auf das Gemüt da, wo sie einer ästhetischen Behandlung großer Naturerscheinungen fähig ist.

Zu diesen letzteren gehört vorzugsweise die unermeßliche Waldgegend, welche in der heißen Zone von Südamerika die miteinander verbundenen Stromgebiete des Orinoco und des Amazonenflusses füllt. Es verdient diese Gegend im strengsten Sinne des Worts den Namen *Urwald*, mit dem in neueren Zeiten so viel Mißbrauch getrieben wird. *Urwald*, *Urzeit* und *Urvolk* sind ziemlich unbestimmte Begriffe, meist nur relativen Gehalts. Soll jede wilde Forst voll dichten Baumwuchses, an den der Mensch nicht die zerstörende Hand gelegt, ein Urwald heißen, so ist die Erscheinung vielen Teilen der gemäßigten und kalten Zone eigen. Liegt aber der Charakter in der Undurchdringlichkeit, in der Unmöglichkeit, sich in langen Strecken zwischen Bäumen von 8 bis 12 Fuß Durchmesser durch die Art einen Weg zu bahnen, so gehört der Urwald ausschließlich der Tropengegend an. Auch sind es keinesweges immer die strickförmigen, rankenden, kletternden Schlingpflanzen (Lianen), welche, wie man in Europa fabelt, die Undurchdringlichkeit verursachen. Die Lianen bilden oft nur eine sehr kleine Masse des Unterholzes. Das Haupthindernis sind die, allen Zwischenraum füllenden, strauchartigen Gewächse: in einer Zone, wo alles, was den Boden bedeckt, holzartig wird. Wenn Reisende, kaum in einer Tropengegend gelandet, und dazu noch auf Inseln, schon, in der Nähe der Küste, glauben in Urwälder eingedrungen zu sein, so liegt die Täuschung wohl nur in der Sehnsucht nach Erfüllung eines lange gehegten Wunsches. Nicht jeder Tropenwald ist ein Urwald.

Ich habe mich des letzteren Wortes in meinem Reisewerke fast nie bedient: und doch glaube ich unter allen jetzt lebenden Naturforschern mit Bonpland, Martius, Pöppig, Robert und Richard Schomburgk im Innersten eines großen Kontinents am längsten in Urwäldern gelebt zu haben.

Trotz des auffallenden Reichtums der spanischen Sprache an naturbeschreibenden Bezeichnungen, dessen ich oben erwähnte, wird ein und dasselbe Wort, monte, zugleich für Berg und Wald, für cerro (montaña) und selva gebraucht. In einer Arbeit über die wahre Breite und die größte Ausdehnung der Andeskette gegen Osten habe ich gezeigt, wie jene zwiefache Bedeutung des Wortes monte die Veranlassung gewesen ist, daß eine schöne und weit verbreitete englische Karte von Südamerika Ebenen mit hohen Bergreihen bedeckt hat. Wo die spanische Karte von La Cruz Olmedilla, die so vielen anderen zum Grunde gelegt worden ist, Kakaowald, montes de Cacao, angegeben hatte, sind Kordilleren entstanden: obgleich der Kakaobaum nur die heißeste Niederung sucht.

Wenn man die Waldgegend, welche ganz Südamerika zwischen den Grassteppen von Venezuela (los Llanos de Caracas) und den Pampas von Buenos Aires zwischen 8° nördlicher und 19° südlicher Breite einnimmt, mit einem Blicke umfaßt, so erkennt man, daß dieser zusammenhängenden Hyläa der Tropenzone keine andere an Ausdehnung auf dem Erdboden gleichkommt. Sie hat ohngefähr zwölfmal den Flächeninhalt von Deutschland. Nach allen Richtungen von Strömen durchschnitten, deren Bei- und Zuflüsse erster und zweiter Ordnung unsere Donau und unseren Rhein an Wasserreichtum bisweilen übertreffen, verdankt sie die wundersame Üppigkeit ihres Baumwuchses der zwiefach wohltätigen Einwirkung großer Feuchtigkeit und Wärme. In der gemäßigten Zone, besonders in Europa und dem nördlichen Asien, kann man die Wälder nach Baumgattungen benennen, die als *gesellige Pflanzen* (plantae sociales) zusammen wachsen und die einzelnen Wälder bilden. In den nördlichen Eichen-, Tannen- und Birken-, in den östlichen Lindenwaldungen herrscht gewöhnlich nur eine Spezies der Amentazeen, der Koniferen oder der Tiliazeen; bisweilen ist eine Art der Nadelhölzer mit Laubholz gemengt. Eine solche Einförmigkeit in der Zusammengesellung ist den Tropenwaldungen fremd. Die übergroße Mannigfaltigkeit der blütenreichen Waldflora verbietet die Frage, woraus die Urwälder bestehen. Eine Unzahl von Familien drängt sich hier zusammen; selbst in kleinen Räumen gesellt sich kaum Gleiches zu Gleichem. Mit jedem Tage, bei jedem Wechsel des Aufenthalts bieten sich dem Reisenden neue Gestaltungen dar, oft Blüten, die er nicht erreichen kann, wenn schon Blattform und Verzweigung seine Aufmerksamkeit anziehen.

Die Flüsse mit ihren zahllosen Seitenarmen sind die einzigen Wege des Landes. Astronomische Beobachtungen oder, wo diese fehlen, Kompaßbestimmungen der Flußkrümmung haben zwischen dem Orinoco, dem Cassiquiare und dem Rio Negro mehrfach gezeigt, wie in der Nähe einiger wenigen Meilen zwei einsame Missionsdörfer liegen, deren Mönche anderthalb Tage brauchen, um in den aus einem Baumstamm gezimmerten Canoen, den Windungen kleiner Bäche folgend, sich gegenseitig zu besuchen. Den auffallendsten Beweis von der Undurchdringlichkeit einzelner Teile des Waldes gibt aber ein Zug aus der Lebensweise des großen amerikanischen Tigers oder pantherartigen Jaguars. Während durch Einführung des europäischen Rindviehes, der Pferde und Maulesel die reißenden Tiere in den Llanos und Pampas, in den weiten baumlosen Grasfluren von Varinas, dem Meta und Buenos Aires, reichliche Nahrung finden und sich seit der Entdeckung von Amerika dort, im ungleichen Kampfe mit den Viehherden, ansehnlich vermehrt haben, führen andere Individuen derselben Gattung in dem Dickicht der Wälder, den Quellen des Orinoco nahe, ein mühevolles Leben. Der schmerzhafte Verlust eines großen Hundes vom Doggengeschlechte (unseres treuesten und freundlichsten Reisegefährten) in einem Biwak nahe bei der Einmündung des Cassiquiare in den Orinoco hatte uns bewogen, ungewiß, ob er vom Tiger zerrissen sei, aus dem Insektenschwarm der Mission Esmeralda zurückkehrend, abermals eine Nacht an demselben Orte zuzubringen, wo wir den Hund so lange vergebens gesucht. Wir hörten wieder in großer Nähe das Geschrei der Jaguars: wahrscheinlich derselben, denen wir die Untat zuschreiben konnten. Da der bewölkte Himmel alle Sternbeobachtungen hinderte, so ließen wir uns durch den Dolmetscher (lenguaraz) wiederholen, was die Eingebornen, unsre Ruderer, von den Tigern der Gegend erzählten.

Es findet sich unter diesen nicht selten der sogenannte *schwarze* Jaguar, die größte und blutgierigste Abart, mit schwarzen, kaum sichtbaren Flecken auf tief dunkelbraunem Felle. Sie lebt am Fuß der Gebirge Maraguaca und Unturan. »Die Jaguars«, erzählte ein Indianer aus dem Stamm der Durimunder, »verirren sich aus Wanderungslust und Raubgier in so undurchdringliche Teile der Waldung, daß sie auf dem Boden nicht jagen können und, ein Schrecknis der Affenfamilien und der Viverre mit dem Rollschwanze (Cercoleptes), lange auf den Bäumen leben.«

Die deutschen Tagebücher, welchen ich dies entnehme, sind in der französisch von mir publizierten Reisebeschreibung nicht ganz erschöpft worden. Sie enthalten eine umständliche Schilderung des nächtlichen Tierlebens, ich könnte sagen der nächtlichen Tierstimmen, im Walde der Tropenländer. Ich halte diese Schilderung für vorzugsweise geeignet, einem Buche anzugehören, das den Titel: *Ansichten der Natur* führt. Was in Gegenwart der Erscheinung oder bald nach den empfangenen Eindrücken niedergeschrieben ist, kann wenigstens auf mehr Lebensfrische Anspruch machen als der Nachklang später Erinnerung.

Durch den Rio Apure, dessen Überschwemmungen ich in dem Aufsatz über die Wüsten und Steppen gedacht, gelangten wir, von Westen gegen Osten schiffend, in das Bette des Orinoco. Es war die Zeit des niedrigen Wasserstandes. Der Apure hatte kaum 1200 Fuß mittlerer Breite, während ich die des Orinoco bei seinem Zusammenfluß mit dem Apure (unfern dem Granitfelsen Curiquima, wo ich eine Standlinie messen konnte) noch über 11 430 Fuß fand. Doch ist dieser Punkt, der Fels Curiquima, in gerader Linie noch hundert geographische Meilen vom Meere und von dem Delta des Orinoco entfernt. Ein Teil der Ebenen, die der Apure und der Payara durchströmen, ist von Stämmen der Yaruros und Achaguas bewohnt. In den Missionsdörfern der Mönche werden sie *Wilde* genannt, weil sie unabhängig leben wollen. In dem Grad ihrer sittlichen Roheit stehen sie aber sehr gleich mit denen, die, getauft, »unter der Glocke (bajo la campana)« leben und doch jedem Unterrichte, jeder Belehrung fremd bleiben.

Von der Insel del Diamante an, auf welcher die spanisch sprechenden Zambos Zuckerrohr bauen, tritt man in eine große und wilde Natur. Die Luft war von zahllosen Flamingos (Phoenicopterus) und anderen Wasservögeln erfüllt, die, wie ein dunkles, in seinen Umrissen stets wechselndes Gewölk, sich von dem blauen Himmelsgewölbe abhoben. Das Flußbette verengte sich bis zu 900 Fuß Breite und bildete in vollkommen gerader Richtung einen Kanal, der auf beiden Seiten von dichter Waldung umgeben ist. Der Rand des Waldes bietet einen ungewohnten Anblick dar. Vor der fast undurchdringlichen Wand riesenartiger Stämme von Caesalpinia, Cedrela und Desmanthus erhebt sich auf dem sandigen Flußufer selbst, mit großer Regelmäßigkeit, eine niedrige Hecke von Sauso. Sie ist nur 4 Fuß hoch, und besteht aus einem kleinen Strauche, Hermesia castaneifolia welcher ein neues Geschlecht aus der Familie der Euphorbiazeen bildet. Einige schlanke dornige Palmen, Piritu und Corozo von den Spaniern genannt (vielleicht Martineziaoder Bactrisarten), stehen der Hecke am nächsten. Das Ganze gleicht einer beschnittenen Gartenhecke, die nur in großen Entfernungen voneinander torartige Öffnungen zeigt. Die großen vierfüßigen Tiere des Waldes haben unstreitig diese Öffnungen selbst gemacht, um bequem an den Strom zu gelangen. Aus ihnen sieht man, vorzüglich am frühen Morgen und bei Sonnenuntergang, heraustreten, um ihre Jungen zu tränken, den amerikanischen Tiger, den Tapir und das Nabelschwein (Pecari, Dicotyles). Wenn sie, durch ein vorüberfahrendes Canot der Indianer beunruhigt, sich in den Wald zurückziehen wollen, so suchen sie nicht die Hecke des Sauso mit Ungestüm zu durchbrechen, sondern man hat die Freude, die wilden Tiere vier- bis fünfhundert Schritt langsam zwischen der Hecke und dem Fluß fortschreiten und in der nächsten Öffnung verschwinden zu sehen. Während wir 74 Tage lang auf einer wenig unterbrochenen Flußschiffahrt von 380 geographischen Meilen auf dem Orinoco, bis seinen Quellen nahe, auf dem Cassiquiare und dem Rio Negro in ein enges Canot eingesperrt waren, hat sich uns an vielen Punkten dasselbe Schauspiel wiederholt; ich darf hinzusetzen: immer mit neuem Reize. Es erscheinen, um zu trinken, sich zu baden oder zu fischen, gruppenweise Geschöpfe der verschiedensten Tierklassen: mit den großen Mammalien vielfarbige Reiher, Palamedeen und die stolz einherschreitenden Hokkohühner (Crax Alector, C. Pauxi). »Hier geht es zu wie im Paradiese, es como en el Paraiso«, sagte mit frommer Miene unser Steuermann, ein alter Indianer, der in dem Hause eines Geistlichen erzogen war. Aber der süße Friede goldener Urzeit herrscht nicht in dem Paradiese der amerikanischen Tierwelt. Die Geschöpfe sondern, beobachten und meiden sich. Die Capybara, das 3 bis 4 Fuß lange *Wasserschwein*, eine kolossale Wiederholung des gewöhnlichen brasilianischen Meerschweinchens (Cavia Aguti), wird im Flusse vom Krokodil, auf der Trockne vom Tiger gefressen. Es läuft dazu so schlecht, daß wir mehrmals einzelne aus der zahlreichen Herde haben einholen und erhaschen können.

Unterhalb der Mission von Santa Barbara de Arichuna brachten wir die Nacht wie gewöhnlich unter freiem Himmel auf einer Sandfläche am Ufer des Apure zu. Sie war von dem nahen, undurchdringlichen Walde begrenzt. Wir hatten Mühe, dürres Holz zu finden, um die Feuer anzuzünden, mit denen nach der Landessitte jedes Biwac wegen der Angriffe des Jaguars umgeben wird. Die Nacht war von milder Feuchte und mondhell. Mehrere Krokodile näherten sich dem Ufer. Ich glaube bemerkt zu haben, daß der Anblick des Feuers sie ebenso anlockt wie unsre Krebse und manche andere Wassertiere. Die Ruder unserer Nachen wurden sorgfältig in den Boden gesenkt, um unsere Hangematten daran zu befestigen. Es herrschte tiefe Ruhe; man hörte nur bisweilen das Schnarchen der *Süßwasser-Delphine*, welche dem Flußnetze des Orinoco wie (nach Colebrooke) dem Ganges bis Benares hin eigentümlich sind und in langen Zügen aufeinander folgten.

Nach 11 Uhr entstand ein solcher Lärmen im nahen Walde, daß man die übrige Nacht hindurch auf jeden Schlaf verzichten mußte. Wildes Tiergeschrei durchtobte die Forst. Unter den vielen Stimmen, die gleichzeitig ertönten, konnten die Indianer nur die erkennen, welche nach kurzer Pause einzeln gehört wurden. Es waren das einförmig jammernde Geheul der Aluaten (Brüllaffen), der winselnde, fein flötende Ton der kleinen Sapajous, das schnurrende Murren des gestreiften Nachtaffen (Nyctipithecus trivirgatus, den ich zuerst beschrieben habe), das abgesetzte Geschrei des großen Tigers, des Cuguars oder ungemähnten amerikanischen Löwen, des Pecari, des Faultiers und einer Schar von Papageien, Parraquas (Ortaliden) und anderer fasanenartigen Vögel. Wenn die Tiger dem Rande des Waldes nahekamen, suchte unser Hund, der vorher ununterbrochen bellte, heulend Schutz unter den Hangematten. Bisweilen kam das Geschrei des Tigers von der Höhe eines Baumes herab. Es war dann stets von den klagenden Pfeifentönen der Affen begleitet, die der ungewohnten Nachstellung zu entgehen suchten.

Fragt man die Indianer, warum in gewissen Nächten ein so anhaltender Lärmen entsteht, so antworten sie lächelnd: »die Tiere freuen sich der schönen Mondhelle, sie feiern den Vollmond.« Mir schien die Szene ein zufällig entstandener, lang fortgesetzter, sich steigernd entwickelnder Tierkampf. Der Jaguar verfolgt die Nabelschweine und Tapirs, die dicht aneinandergedrängt das baumartige Strauchwerk durchbrechen, welches ihre Flucht behindert. Davon erschreckt, mischen von dem Gipfel der Bäume herab die Affen ihr Geschrei in das der größeren Tiere. Sie erwecken die gesellig horstenden Vogelgeschlechter, und so kommt allmählich die ganze Tierwelt in Aufregung. Eine längere Erfahrung hat uns gelehrt, daß es keinesweges immer »die gefeierte Mondhelle« ist, welche die Ruhe der Wälder stört. Die Stimmen waren am lautesten bei heftigem Regengusse oder wenn bei krachendem Donner der Blitz das Innere des Waldes erleuchtet. Der gutmütige, viele Monate schon fieberkranke Franziskanermönch, der uns durch die Katarakten von Atures und Maipures nach San Carlos des Rio Negro bis an die brasilianische Grenze begleitete, pflegte zu sagen, wenn bei einbrechender Nacht er ein Gewitter fürchtete: »möge der Himmel, wie uns selbst, so auch den wilden Bestien des Waldes eine ruhige Nacht gewähren!«

Mit den Naturszenen, die ich hier schildere und die sich oft für uns wiederholten, kontrastiert wundersam die Stille, welche unter den Tropen an einem ungewöhnlich heißen Tage in der Mittagsstunde herrscht. Ich entlehne demselben Tagebuche eine Erinnerung an die Flußenge des Baraguan. Hier bahnt sich der Orinoco einen Weg durch den westlichen Teil des Gebirges Parime. Was man an diesem merkwürdigen Paß eine Flußenge (Angostura del Baraguan) nennt, ist ein Wasserbecken von noch 890 Toisen (5340 Fuß) Breite. Außer einem alten dürren Stamme der Aubletia (Apeiba Tiburbu) und einer neuen Apozinee, Allamanda salicifolia, waren an dem nackten Felsen kaum einige silberglänzende Croton-Sträucher zu finden. Ein Thermometer, im Schatten beobachtet, aber bis auf einige Zolle der Granitmasse turmartiger Felsen genähert, stieg auf mehr als 40° Réaumur. Alle ferne Gegenstände hatten wellenförmig wogende Umrisse, eine Folge der Spiegelung oder optischen Kimmung (mirage). Kein Lüftchen bewegte den staubartigen Sand des Bodens. Die Sonne stand im Zenit, und die Lichtmasse, die sie auf den Strom ergoß und die von diesem, wegen einer schwachen Wellenbewegung funkelnd, zurückstrahlt, machte bemerkbarer noch die nebelartige Röte, welche die Ferne umhüllte. Alle Felsblöcke und nackten Steingerölle waren mit einer Unzahl von großen, dickschuppigen Iguanen, Gecko-Eidechsen und buntgefleckten Salamandern bedeckt. Unbeweglich, den Kopf erhebend, den Mund weit geöffnet, scheinen sie mit Wonne die heiße Luft einzuatmen. Die größeren Tiere verbergen sich dann in das Dickicht der Wälder, die Vögel unter das Laub der Bäume oder in die Klüfte der Felsen; aber lauscht man bei dieser scheinbaren Stille der Natur auf die schwächsten Töne, die uns zukommen, so vernimmt man ein dumpfes Geräusch, ein Schwirren und Sumsen der Insekten, dem Boden nahe und in den unteren Schichten des Luftkreises. Alles verkündigt eine Welt tätiger, organischer Kräfte. In jedem Strauche, in der gespaltenen Rinde des Baumes, in der von Hymenoptern bewohnten, aufgelockerten Erde regt sich hörbar das Leben. Es ist wie eine der vielen Stimmen der Natur, vernehmbar dem frommen, empfänglichen Gemüte des Menschen.

Ideen zu einer Physiognomik der Gewächse

Wenn der Mensch mit regsamem Sinne die Natur durchforscht oder in seiner Phantasie die weiten Räume der organischen Schöpfung mißt, so wirkt unter den vielfachen Eindrücken, die er empfängt, keiner so tief und mächtig als der, welchen die allverbreitete Fülle des Lebens erzeugt. Überall, selbst nahe an den beeisten Polen, ertönt die Luft von dem Gesang der Vögel wie von dem Summen schwirrender Insekten. Nicht die unteren Schichten allein, in welchen die verdichteten Dünste schweben, auch die oberen, ätherischreinen sind belebt. Denn sooft man den Rücken der peruanischen Kordilleren oder, südlich vom Leman-See, den Gipfel des Weißen Berges bestieg, hat man selbst in diesen Einöden noch Tiere entdeckt. Am Chimborazo, fast achttausend Fuß höher als der Ätna, sahen wir Schmetterlinge und andere geflügelte Insekten. Wenn auch, von senkrechten Luftströmen getrieben, sie sich dahin als Fremdlinge verirrten, wohin unruhige Forschbegier des Menschen sorgsame Schritte leitet, so beweist ihr Dasein doch, daß die biegsamere animalische Schöpfung ausdauert, wo die vegetabilische längst ihre Grenze erreicht hat. Höher als der Kegelberg von Teneriffa auf den schneebedeckten Rücken der Pyrenäen getürmt, höher als alle Gipfel der Andeskette, schwebte oft über uns der Kondor, der Riese unter den Geiern. Raubsucht und Nachstellung der zartwolligen Vicuñas, welche gemsenartig und herdenweise in den beschneiten Grasebenen schwärmen, locken den mächtigen Vogel in diese Region.

Zeigt nun schon das unbewaffnete Auge den ganzen Luftkreis belebt, so enthüllt noch größere Wunder das bewaffnete Auge. Rädertiere, Brachionen und eine Schar mikroskopischer Geschöpfe heben die Winde aus den trocknenden Gewässern empor. Unbeweglich und in Scheintod versenkt, schweben sie in den Lüften: bis der Tau sie zur nährenden Erde zurückführt, die Hülle löst, die ihren durchsichtigen wirbelnden Körper einschließt, und (wahrscheinlich durch den Lebensstoff, welchen alles Wasser enthält) den Organen neue Erregbarkeit einhaucht. Die atlantischen gelblichen Staubmeteore (Staubnebel), welche von dem Kapverdischen Inselmeere von Zeit zu Zeit weit gegen Osten in Nordafrika, in Italien und Mitteleuropa eindringen, sind nach Ehrenbergs glänzender Entdeckung Anhäufungen von kieselschaligen mikroskopischen Organismen. Viele schweben vielleicht lange Jahre in den obersten Luftschichten und kommen bisweilen durch die obern Passate oder durch senkrechte Luftströme lebensfähig und in organischer Selbstteilung begriffen herab.

Neben den entwickelten Geschöpfen trägt der Luftkreis auch zahllose Keime künftiger Bildungen, Insekteneier und Eier der Pflanzen, die durch Haar- und Federkronen zur langen Herbstreise geschickt sind. Selbst den belebenden Staub, welchen, bei getrennten Geschlechtern, die männlichen Blüten ausstreuen, tragen Winde und geflügelte Insekten über Meer und Land den einsamen weiblichen zu. Wohin der Blick des Naturforschers dringt, ist Leben oder Keim zum Leben verbreitet.

Dient aber auch das bewegliche Luftmeer, in das wir getaucht sind und über dessen Oberfläche wir uns nicht zu erheben vermögen, vielen organischen Geschöpfen zur notwendigsten Nahrung, so bedürfen dieselben dabei doch noch einer gröberen Speise, welche nur der Boden dieses gasförmigen Ozeans darbietet. Dieser Boden ist zwiefacher Art. Den kleineren Teil bildet die trockene Erde, unmittelbar von Luft umflossen; den größeren Teil bildet das Wasser – vielleicht einst vor Jahrtausenden durch elektrisches Feuer aus luftförmigen Stoffen zusammengeronnen und jetzt unaufhörlich in der Werkstatt der Wolken wie in den pulsierenden Gefäßen der Tiere und Pflanzen zersetzt. Organische Gebilde steigen tief in das Innere der Erde hinab: überall, wo die meteorischen *Tagewasser* in natürliche Höhlen oder Grubenarbeiten dringen können. Das Gebiet der kryptogamischen *unterirdischen Flora* ist früh ein Gegenstand meiner wissenschaftlichen Arbeiten gewesen. Heiße Quellen nähren kleine Hydroporen, Conferven und Oszillatorien bei den höchsten Temperaturen. Dem Polarkreise nahe, an dem Bärensee im Neuen Kontinent, sah Richardson den Boden, der in 20 Zoll Tiefe im Sommer gefroren bleibt, mit blühenden Kräutern geschmückt.

Unentschieden ist es, wo größere Lebensfülle verbreitet sei, ob auf dem Kontinent oder in dem unergründeten Meere. Durch Ehrenbergs treffliche Arbeit »über das Verhalten des *kleinsten Lebens*« im tropischen Weltmeere wie in dem schwimmenden und festen Eise des Südpols hat sich vor unseren Augen die organische Lebenssphäre, gleichsam der Horizont des Lebens, erweitert. Kieselschalige Polygastren, ja Coscinodisken, mit ihren grünen Ovarien, sind, 12° vom Pole, lebend, in Eisschollen gehüllt, aufgefunden worden; ebenso bewohnen der kleine schwarze Gletscherfloh, Desoria glacialis, und die Podurellen enge Eisröhren der von Agassiz erforschten schweizerischen Gletscher. Ehrenberg hat gezeigt, daß auf mehreren mikroskopischen Infusionstieren (Synedra, Cocconeis) wieder andere läuseartig leben; daß von den Gallionellen, bei ihrer ungeheuren Teilungskraft und Massenentwickelung, ein unsichtbares Tierchen in vier Tagen zwei Kubikfuß von dem Biliner Polierschiefer bilden *kann*. In dem Ozean erscheinen gallertartige Seegewürme, bald lebendig, bald abgestorben, als leuchtende Sterne. Ihr Phosphorlicht wandelt die grünliche Fläche des unermeßlichen Ozeans in ein Feuermeer um. Unauslöschlich wird mir der Eindruck jener stillen Tropennächte der Südsee bleiben, wenn aus der duftigen Himmelsbläue das hohe Sternbild des Schiffes und das gesenkt untergehende Kreuz ihr mildes planetarisches Licht ausgossen und wenn zugleich in der schäumenden Meeresflut die Delphine ihre leuchtenden Furchen zogen.

Aber nicht der Ozean allein, auch die Sumpfwasser verbergen zahllose Gewürme von wunderbarer Gestalt. Unserem Auge fast unerkennbar sind die Cyclidien, die Euglenen und das Heer der Naiden: teilbar durch Äste, wie die Lemna, deren Schatten sie suchen. Von mannigfaltigen Luftgemengen umgeben und mit dem Lichte unbekannt, atmen die gefleckte Ascaris, welche die Haut des Regenwurms, die silberglänzende Leucophra, welche das Innere der Ufer-Naide, und ein Pentastoma, welches die weitzellige Lunge der tropischen Klapperschlange bewohnt. Es gibt Bluttiere in Fröschen und Lachsen, ja nach Nordmann Tiere in den Flüssigkeiten der Fischaugen wie in den Kiemen des Bleies. So sind auch die verborgensten Räume der Schöpfung mit Leben erfüllt. Wir wollen hier bei den Geschlechtern der Pflanzen verweilen, denn auf ihrem Dasein beruht das Dasein der tierischen Schöpfung. Unablässig sind sie bemüht, den rohen Stoff der Erde organisch aneinanderzureihen, und vorbereitend, durch lebendige Kraft, zu mischen, was nach tausend Umwandlungen zur regsamen Nervenfaser veredelt wird. Derselbe Blick, den wir auf die Verbreitung der Pflanzendecke heften, enthüllt uns die Fülle des tierischen Lebens, das von jener genährt und erhalten wird.

Ungleich ist der Teppich gewebt, welchen die blütenreiche Flora über den nackten Erdkörper ausbreitet: dichter, wo die Sonne höher an dem nie bewölkten Himmel emporsteigt, lockerer gegen die trägen Pole hin, wo der wiederkehrende Frost bald die entwickelte Knospe tötet, bald die reifende Frucht erhascht. Doch überall darf der Mensch sich der nährenden Pflanzen erfreuen. Trennt im Meeresboden ein Vulkan die kochende Flut, und schiebt plötzlich (wie einst zwischen den griechischen Inseln) einen schlackigen Fels empor, oder erheben (um an eine friedlichere Naturerscheinung zu erinnern) auf einem unterseeischen Gebirgsrücken die einträchtigen Lithophyten ihre zelligen Wohnungen, bis sie nach Jahrtausenden, über den Wasserspiegel hervorragend, absterben und ein flaches Koralleneiland bilden, so sind die organischen Kräfte sogleich bereit, den toten Fels zu beleben. Was den Samen so plötzlich herbeiführt, ob wandernde Vögel oder Winde oder die Wogen des Meeres, ist bei der großen Entfernung der Küsten schwer zu entscheiden. Aber auf dem nackten Steine, sobald ihn zuerst die Luft berührt, bildet sich in den nordischen Ländern ein Gewebe sammetartiger Fasern, welche dem unbewaffneten Auge als farbige Flecken erscheinen. Einige sind durch hervorragende Linien bald einfach, bald doppelt begrenzt; andere sind in Furchen durchschnitten und in Fächer geteilt. Mit zunehmendem Alter verdunkelt sich ihre lichte Farbe. Das fernleuchtende Gelb wird braun, und das bläuliche Grau der Leprarien verwandelt sich nach und nach in ein staubartiges Schwarz. Die Grenzen der alternden Decke fließen ineinander, und auf dem dunkeln Grunde bilden sich neue, zirkelrunde Flechten von blendender Weiße. So lagert sich schichtenweise ein organisches Gewebe auf das andere; und wie das sich ansiedelnde Menschengeschlecht bestimmte Stufen der sittlichen Kultur durchlaufen muß, so ist die allmähliche Verbreitung der Pflanzen an bestimmte physische Gesetze gebunden. Wo jetzt hohe Waldbäume ihre Gipfel luftig erheben, da überzogen einst zarte Flechten das erdenlose Gestein. Laubmoose, Gräser, krautartige Gewächse und Sträucher füllen die Kluft der langen, aber ungemessenen Zwischenzeit aus. Was im Norden Flechten und Moose, das bewirken in den Tropen Portulaca, Gomphrenen und andere fette niedrige Uferpflanzen. Die

Geschichte der Pflanzendecke und ihre allmähliche Ausbreitung über die öde Erdrinde hat ihre Epochen, wie die Geschichte der wandernden Tierwelt.

Ist aber auch die Fülle des Lebens überall verbreitet, ist der Organismus auch unablässig bemüht, die durch den Tod entfesselten Elemente zu neuen Gestalten zu verbinden, so ist diese Lebensfülle und ihre Erneuerung doch nach Verschiedenheit der Himmelsstriche verschieden. Periodisch erstarrt die Natur in der kalten Zone; denn Flüssigkeit ist Bedingnis zum Leben. Tiere und Pflanzen (Laubmoose und andere Kryptogamen abgerechnet) liegen hier viele Monate hindurch im Winterschlaf vergraben. In einem großen Teile der Erde haben daher nur solche organische Wesen sich entwickeln können, welche einer beträchtlichen Entziehung von Wärmestoff widerstehen und ohne Blattorgane einer langen Unterbrechung der Lebensfunktionen fähig sind. Je näher dagegen den Tropen: desto mehr nimmt Mannigfaltigkeit der Gestaltung, Anmut der Form und des Farbengemisches, ewige Jugend und Kraft des organischen Lebens zu.

Diese Zunahme kann leicht von denen bezweifelt werden, welche nie unsern Weltteil verlassen oder das Studium der allgemeinen Erdkunde vernachlässigt haben. Wenn man aus unsern dicklaubigen Eichenwäldern über die Alpen- oder Pyrenäen-Kette nach Welschland oder Spanien hinabsteigt, wenn man gar seinen Blick auf einige afrikanische Küstenländer des Mittelmeeres richtet, so wird man leicht zu dem Fehlschlusse verleitet, als sei Baumlosigkeit der Charakter heißer Klimate. Aber man vergißt, daß das südliche Europa eine andere Gestalt hatte, als pelasgische oder karthagische Pflanzvölker sich zuerst darin festsetzten; man vergißt, daß frühere Bildung des Menschengeschlechts die Waldungen verdrängt und daß der umschaffende Geist der Nationen der Erde allmählich den Schmuck raubt, welcher uns in dem Norden erfreut, und welcher (mehr als alle Geschichte) die Jugend unserer sittlichen Kultur anzeigt. Die große Katastrophe, durch welche das Mittelmeer sich gebildet, indem es, ein anschwellendes Binnenwasser, die Schleusen der Dardanellen und die Säulen des Herkules durchbrochen: diese Katastrophe scheint die angrenzenden Länder eines großen Teils ihrer Dammerde beraubt zu haben. Was bei den griechischen Schriftstellern von den samothrakischen Sagen erwähnt wird, deutet die Neuheit dieser zerstörenden Naturveränderung an. Auch ist in allen Ländern, welche das Mittelmeer bespült und welche Tertiärkalk und untere Kreide (Nummuliten und Neocomien) charakterisieren, ein großer Teil der Erdoberfläche nackter Fels. Das Malerische italienischer Gegenden beruht vorzüglich auf diesem lieblichen Kontraste zwischen dem unbelebten öden Gestein und der üppigen Vegetation, welche inselförmig darin aufsproßt. Wo dieses Gestein minder zerklüftet, die Wasser auf der Oberfläche zusammenhält, wo diese mit Erde bedeckt ist (wie an den reizenden Ufern des Albaner Sees), da hat selbst Italien seine Eichenwälder, so schattig und grün, als der Bewohner des Nordens sie wünscht.

Auch die Wüsten jenseits des Atlas und die unermeßlichen Ebenen oder Steppen von Südamerika sind als bloße Lokalerscheinungen zu betrachten. Diese findet man, in der Regenzeit wenigstens, mit Gras und niedrigen, fast krautartigen Mimosen bedeckt; jene sind Sandmeere im Innern des alten Kontinents, große pflanzenleere Räume, mit ewig grünen waldigen Ufern umgeben. Nur einzeln stehende Fächerpalmen erinnern den Wanderer, daß diese Einöden Teile einer belebten Schöpfung sind. Im trügerischen Lichtspiele, das die strahlende Wärme erregt, sieht man bald den Fuß dieser Palmen frei in der Luft schweben, bald ihr umgekehrtes Bild in den wogenartig zitternden Luftschichten wiederholt. Auch westlich von der peruanischen Andeskette, an den Küsten des Stillen Meeres, haben wir Wochen gebraucht, um solche wasserleere Wüsten zu durchstreichen.

Der Ursprung derselben, diese Pflanzenlosigkeit großer Erdstrecken, in Gegenden, wo umher die kraftvollste Vegetation herrscht, ist ein wenig beachtetes geognostisches Phänomen, welches sich unstreitig auf alte Naturrevolutionen (auf Überschwemmungen, oder vulkanische Umwandlungen der Erdrinde) gründet. Hat eine Gegend einmal ihre Pflanzendecke verloren, ist der Sand beweglich und quellenleer, hindert die heiße, senkrecht aufsteigende Luft den Niederschlag der Wolken, so vergehen Jahrtausende, ehe von den grünen Ufern aus organisches Leben in das Innere der Einöde dringt.

Wer demnach die Natur mit einem Blicke zu umfassen und von Lokalphänomenen zu abstrahieren weiß, der sieht, wie mit Zunahme der belebenden Wärme, von den Polen zum Äquator hin, sich auch allmählich organische Kraft und Lebensfülle vermehren. Aber bei dieser Vermehrung sind doch jedem Erdstriche besondere Schönheiten vorbehalten: den Tropen Mannigfaltigkeit und Größe der Pflanzenformen, dem Norden der Anblick der Wiesen, und das periodische Wiedererwachen der Natur beim ersten Wehen der Frühlingslüfte. Jede Zone hat außer den ihr eigenen Vorzügen auch ihren eigentümlichen Charakter. Die urtiefe Kraft der Organisation fesselt, trotz einer gewissen Freiwilligkeit im abnormen Entfalten einzelner Teile, alle tierische und vegetabilische Gestaltung an feste, ewig wiederkehrende Typen. So wie man an einzelnen organischen Wesen eine bestimmte Physiognomie erkennt, wie beschreibende Botanik und Zoologie, im engern Sinne des Worts, Zergliederung der Tier- und Pflanzenformen sind, so gibt es auch eine Naturphysiognomie, welche jedem Himmelsstriche ausschließlich zukommt.

Was der Maler mit den Ausdrücken: schweizer Natur, italienischer Himmel bezeichnet, gründet sich auf das dunkle Gefühl dieses lokalen Naturcharakters. Luftbläue, Beleuchtung, Duft, der auf der Ferne ruht, Gestalt der Tiere, Saftfülle der Kräuter, Glanz des Laubes, Umriß der Berge: alle diese Elemente bestimmen den Totaleindruck einer Gegend. Zwar bilden unter allen Zonen dieselben Gebirgsarten: Trachyt, Basalt, Porphyrschiefer und Dolomit, Felsgruppen von einerlei Physiognomie. Die Grünstein-Klippen in Südamerika und Mexiko gleichen denen des deutschen Fichtelgebirges, wie unter den Tieren die Form des Allco oder der ursprünglichen Hunderasse des Neuen Kontinents mit der europäischen Rasse übereinstimmt. Denn die unorganische Rinde der Erde ist gleichsam unabhängig von klimatischen Einflüssen: sei es, daß der Unterschied der Klimate nach Unterschied der geographischen Breite neuer als das Gestein ist, sei es, daß die erhärtende, wärmeleitende und wärmeentbindende Erdmasse sich selbst ihre Temperatur gab, statt sie von außen zu empfangen. Alle Formationen sind daher allen Weltgegenden eigen und in allen gleichgestaltet. Überall bildet der Basalt Zwillingsberge und abgestumpfte Kegel, überall erscheint der Trapp-Porphyr in grotesken Felsmassen, der Granit in sanft-rundlichen Kuppen. Auch ähnliche Pflanzenformen, Tannen und Eichen, bekränzen die Berggehänge in Schweden wie die des südlichsten Teils von Mexiko. Und bei aller dieser Übereinstimmung in den Gestalten, bei dieser Gleichheit der einzelnen Umrisse nimmt die Gruppierung derselben zu einem Ganzen doch den verschiedensten Charakter an.

So wie die oryktognostische Kenntnis der Gesteinarten sich von der Gebirgslehre unterscheidet, so ist von der individuellen Naturbeschreibung die allgemeine, oder die Physiognomik der Natur, verschieden. Georg Forster in seinen Reisen und in seinen kleinen Schriften, Goethe in den Naturschilderungen, welche so manche seiner unsterblichen Werke enthalten, Buffon, Bernardin de St. Pierre und Chateaubriand haben mit unnachahmlicher Wahrheit den Charakter einzelner Himmelsstriche geschildert. Solche Schilderungen sind aber nicht bloß dazu geeignet, dem Gemüte einen Genuß der edelsten Art zu verschaffen; nein, die Kenntnis von dem Naturcharakter verschiedener Weltgegenden ist mit der Geschichte des Menschengeschlechtes und mit der seiner Kultur aufs innigste verknüpft. Denn wenn auch der Anfang dieser Kultur nicht durch physische Einflüsse allein bestimmt wird, so hängt doch die Richtung derselben, so hangen Volkscharakter, düstere oder heitere Stimmung der Menschheit großenteils von klimatischen Verhältnissen ab. Wie mächtig hat der griechische Himmel auf seine Bewohner gewirkt! Wie sind nicht in dem schönen und glücklichen Erdstriche zwischen dem Euphrat, dem Halys und dem ägäischen Meere die sich ansiedelnden Völker früh zu sittlicher Anmut und zarteren Gefühlen erwacht! Und haben nicht, als Europa in neue Barbarei versank und religiöse Begeisterung plötzlich den heiligen Orient öffnete, unsere Voreltern aus jenen milden Tälern von neuem mildere Sitten heimgebracht? Die Dichterwerke der Griechen und die rauheren Gesänge der nordischen Urvölker verdankten größtenteils ihren eigentümlichen Charakter der Gestalt der Pflanzen und Tiere, den Gebirgstälern, die den Dichter umgaben, und der Luft, die ihn umwehte. Wer fühlt sich nicht, um selbst nur an nahe Gegenstände zu erinnern, anders gestimmt in dem dunkeln Schatten der Buchen, auf Hügeln, die mit einzeln stehenden Tannen bekränzt sind, oder auf der Grasflur, wo der Wind in dem zitternden Laube der Birke säuselt? Melancholische, ernst erhebende oder fröhliche Bilder rufen diese vaterländischen Pflanzengestalten in uns hervor. Der Einfluß der physischen Welt auf die moralische, das geheimnisvolle Ineinanderwirken des Sinnlichen und Außersinnlichen gibt dem Naturstudium, wenn man es zu höheren Gesichtspunkten erhebt, einen eigenen, noch zu wenig erkannten Reiz.

Wenn aber auch der Charakter verschiedener Weltgegenden von allen äußeren Erscheinungen zugleich abhängt, wenn Umriß der Gebirge, Physiognomie der Pflanzen und Tiere, wenn Himmelsbläue, Wolkengestalt und Durchsichtigkeit des Luftkreises den Totaleindruck bewirken, so ist doch nicht zu leugnen, daß das Hauptbestimmende dieses Eindrucks die Pflanzendecke ist. Dem tierischen Organismus fehlt es an Masse, die Beweglichkeit der Individuen und oft ihre Kleinheit entziehen sie unsern Blicken. Die Pflanzenschöpfung dagegen wirkt durch stetige Größe auf unsere Einbildungskraft. Ihre Masse bezeichnet ihr Alter, und in den Gewächsen allein sind Alter und Ausdruck stets sich erneuernder Kraft miteinander gepaart. Der riesenförmige Drachenbaum, den ich auf den Kanarischen Inseln sah und der 16 Schuh im Durchmesser hat, trägt noch immerdar (gleichsam in ewiger Jugend) Blüte und Frucht. Als französische Abenteurer, die Béthencourts, im Anfang des funfzehnten Jahrhunderts die glücklichen Inseln eroberten, war der Drachenbaum von Orotava (heilig den Eingeborenen, wie der Ölbaum in der Burg zu Athen oder die Ulme zu Ephesus) von eben der kolossalen Stärke als jetzt. In den Tropen ist ein Wald von Hymenäen und Cäsalpinien vielleicht das Denkmal von mehr als einem Jahrtausend.

Umfaßt man mit einem Blick die verschiedenen phanerogamischen Pflanzenarten, welche bereits den Herbarien einverleibt sind und deren Zahl jetzt auf weit mehr denn 80 000 geschätzt wird, so erkennt man in dieser wundervollen Menge gewisse Hauptformen, auf welche sich viele andere zurückführen lassen. Zur Bestimmung dieser Typen, von deren individueller Schönheit, Verteilung und Gruppierung die Physiognomie der Vegetation eines Landes abhängt, muß man nicht (wie in den botanischen Systemen aus andern Beweggründen geschieht) auf die kleinsten Fortpflanzungsorgane, Blütenhüllen und Früchte, sondern nur auf das Rücksicht nehmen, was durch Masse den Totaleindruck einer Gegend individualisiert. Unter den Hauptformen der Vegetation gibt es allerdings ganze Familien der sogenannten natürlichen Systeme. Bananengewächse und Palmen, Kasuarineen und Koniferen werden auch in diesen einzeln aufgeführt. Aber der botanische Systematiker trennt eine Menge von Pflanzengruppen, welche der Physiognomiker sich gezwungen sieht miteinander zu verbinden. Wo die Gewächse sich als Massen darstellen, fließen Umrisse und Verteilung der Blätter, Gestalt der Stämme und Zweige ineinander. Der Maler (und gerade dem feinen Naturgefühle des Künstlers kommt hier der Ausspruch zu!) unterscheidet in dem Hintergrunde einer Landschaft Pinien oder Palmengebüsche von Buchen-, nicht aber diese von anderen Laubholzwäldern!

Sechzehn Pflanzenformen bestimmen hauptsächlich die Physiognomie der Natur. Ich zähle nur diejenigen auf, welche ich auf meinen Reisen durch beide Kontinente und bei einer vieljährigen Aufmerksamkeit auf die Vegetation der verschiedenen Himmelsstriche zwischen dem 60. Grade nördlicher und dem 12. Grade südlicher Breite beobachtet habe. Gewiß wird die Zahl dieser Formen ansehnlich vermehrt werden, wenn man einst in das Innere der Kontinente tiefer eindringt und neue Pflanzengattungen entdeckt. Im südöstlichen Asien, im Innern von Afrika und Neu-Holland, in Südamerika vom Amazonenstrome bis zu der Provinz Chiquitos hin ist die Vegetation uns noch völlig unbekannt. Wie, wenn man einmal ein Land entdeckte, in dem holzige Schwämme, Cenomyce rangiferina, oder Moose hohe Bäume bildeten? Neckera dendroïdes, ein deutsches Laubmoos, ist in der Tat baumartig; und die Bambusazeen (baumartige Gräser) wie die tropischen Farnkräuter, oft höher als unsere Linden und Erlen, sind für den Europäer noch jetzt ein ebenso überraschender Anblick, als dem ersten Entdecker ein Wald hoher Laubmoose sein würde! Die absolute Größe und der Grad der Entwickelung, welche die Organismen (Pflanzen- und Tierarten) erreichen, die zu einer Familie gehören, werden durch noch unerkannte Gesetze bedingt. In jeder der großen Abteilungen des Tierreiches: den Insekten, Krustazeen, Reptilien, Vögeln, Fischen oder Säugetieren, oszilliert die Dimension des Körperbaues zwischen gewissen äußersten Grenzen. Das durch die bisherigen Beobachtungen festgesetzte Maß der Größenschwankung kann durch neue Entdeckungen, durch Auffindung bisher unbekannter Tierarten berichtigt werden.

Bei den Landtieren scheinen vorzüglich Temperaturverhältnisse, von den Breitengraden abhängig, die organische Entwickelung genetisch begünstigt zu haben. Die kleine und schlanke Form unserer Eidechse dehnt sich im Süden zu dem kolossalen, schwerfälligen, gepanzerten Körper furchtbarer Krokodile aus. In den ungeheuren Katzen von Afrika und Amerika, im Tiger, im Löwen und Jaguar, ist die Gestalt eines unserer kleinsten Haustiere nach einem größeren Maßstabe wiederholt. Dringen wir gar in das Innere der Erde, durchwühlen wir die Grabstätte der Pflanzen und Tiere, so verkündigen uns die Versteinerungen nicht bloß eine Verteilung der Formen, die mit den jetzigen Klimaten in Widerspruch steht, sie zeigen uns auch kolossale Gestalten, welche mit denen, die uns gegenwärtig umgeben, nicht minder kontrastieren als die erhabenen, einfachen Heldennaturen der Hellenen mit dem, was unsere Zeit mit dem Worte Charaktergröße bezeichnet. Hat die Temperatur des Erdkörpers beträchtliche, vielleicht periodisch wiederkehrende Veränderungen erlitten, ist das Verhältnis zwischen Meer und Land, ja selbst die Höhe des Luftozeans und sein Druck nicht immer derselbe gewesen, so muß die Physiognomie der Natur, so müssen Größe und Gestalt des Organismus ebenfalls schon vielfachem Wechsel unterworfen gewesen sein. Mächtige Pachydermen (Dickhäuter), elephantenartige Mastodonten, Owens Mylodon robustus, und die Colossochelys, eine Landschildkröte von sechs Fuß Höhe, bevölkerten vormals die Waldung, welche aus riesenartigen Lepidodendren, kaktusähnlichen Stigmarien und zahlreichen Geschlechtern der Zykadeen bestand. Unfähig diese Physiognomie des alternden Planeten nach ihren gegenwärtigen Zügen vollständig zu schildern, wage ich nur diejenigen Charaktere auszuheben, welche jeder Pflanzengruppe vorzüglich zukommen. Bei allem Reichtum und aller Biegsamkeit unserer vaterländischen Sprache, ist es doch ein schwieriges Unternehmen, mit Worten zu bezeichnen, was eigentlich nur der nachahmenden Kunst des Malers darzustellen geziemt. Auch ist das Ermüdende des Eindrucks zu vermeiden, das jede Aufzählung einzelner Formen unausbleiblich erregen muß.

Wir beginnen mit den *Palmen*, der höchsten und edelsten aller Pflanzengestalten, denn ihr haben stets die Völker (und die früheste Menschenbildung war in der asiatischen Palmenwelt wie in dem Erdstriche, welcher zunächst an die Palmenwelt grenzt) den Preis der Schönheit zuerkannt. Hohe, schlanke, geringelte, bisweilen stachlige Schäfte endigen mit anstrebendem, glänzendem, bald gefächertem, bald gefiedertem Laube. Die Blätter sind oft grasartig gekräuselt. Der glatte Stamm erreicht, von mir mit Sorgfalt gemessen, 180 Fuß Höhe. Die Palmenform nimmt an Pracht und Größe ab vom Äquator gegen die gemäßigte Zone hin. Europa hat unter seinen einheimischen Gewächsen nur einen Repräsentanten dieser Form: die zwergartige Küstenpalme, den Chamärops, der in Spanien und Italien sich nördlich bis zum 44. Breitengrade erstreckt. Das eigentliche Palmenklima der Erde hat zwischen 20½° und 22° Réaum. mittlerer jährlicher Wärme. Aber die aus Afrika zu uns gebrachte Dattelpalme, welche weit minder schön als andere Arten dieser Gruppe ist, vegetiert noch im südlichen Europa in Gegenden, deren mittlere Temperatur 12° bis 13½° beträgt. Palmenstämme und Elephantengerippe liegen im nördlichen Europa im Innern der Erde vergraben; ihre Lage macht es wahrscheinlich, daß sie nicht von den Tropen her gegen Norden geschwemmt wurden, sondern daß in den großen Revolutionen unseres Planeten die Klimate, wie die durch sie bestimmte Physiognomie der Natur, vielfach verändert worden sind.

Zu den Palmen gesellt sich in allen Weltteilen die Pisang- oder *Bananen*form: die Scitamineen und Musazeen der Botaniker, Heliconia, Amomum, Strelitzia; ein niedriger, aber saftreicher, fast krautartiger Stamm, an dessen Spitze sich dünn und locker gewebte, zartgestreifte, seidenartig glänzende Blätter erheben. Pisanggebüsche sind der Schmuck feuchter Gegenden. Auf ihrer Frucht beruht die Nahrung fast aller Bewohner des heißen Erdgürtels. Wie die mehlreichen Zerealien oder Getreidearten des Nordens, so begleiten Pisangstämme den Menschen seit der frühesten Kindheit seiner Kultur. Semitische Sagen setzen die ursprüngliche Heimat dieser nährenden Pflanze an den Euphrat, andere mit mehr Wahrscheinlichkeit an den Fuß des Himalaja-Gebirges in Indien. Nach griechischen Sagen waren die Gefilde von Enna das glückliche Vaterland der Zerealien. Wenn die sikulischen Früchte der Ceres, durch die Kultur über die nördliche Erde verbreitet, einförmige, weitgedehnte Grasfluren bildend, wenig den Anblick der Natur verschönern, so vervielfacht dagegen der sich ansiedelnde Tropenbewohner durch Pisangpflanzungen eine der herrlichsten und edelsten Gestalten.

Die Form der *Malvazeen* und *Bombazeen* ist dargestellt durch Ceiba, Cavanillesia und den mexikanischen Händebaum, Cheirostemon: kolossalisch dicke Stämme mit zartwolligen, großen, herzförmigen oder eingeschnittenen Blättern und prachtvollen, oft purpurroten Blüten. Zu dieser Pflanzengruppe gehört der Affenbrotbaum, Adansonia digitata, welcher bei mäßiger Höhe bisweilen 30 Fuß Durchmesser hat und wahrscheinlich das größte und älteste organische Denkmal auf unserm Planeten ist. In Italien fängt die Malvenform bereits an, der Vegetation einen eigentümlichen südlichen Charakter zu geben.

Dagegen entbehrt unsre gemäßigte Zone im alten Kontinent leider ganz die zartgefiederten Blätter, die Form der *Mimosen*; sie herrscht durch Acacia, Desmanthus, Gleditschia, Porleria, Tamarindus. Den Vereinigten Staaten von Nordamerika, in denen unter gleicher Breite die Vegetation mannigfaltiger und üppiger als in Europa ist, fehlt diese schöne Form nicht. Bei den Mimosen ist eine schirmartige Verbreitung der Zweige, fast wie bei den italienischen Pinien, gewöhnlich. Die tiefe Himmelsbläue des Tropenklimas, durch die zartgefiederten Blätter schimmernd, ist von überaus malerischem Effekte.

Eine meist afrikanische Pflanzengruppe sind die *Heidekräuter*; dahin gehören, dem physiognomischen Charakter oder allgemeinen Anblick nach, auch die Epakrideen und Diosmeen, viele Proteazeen und die australischen Akazien mit bloßen Blattstielblättern (Phyllodien): eine Gruppe, welche mit der der Nadelhölzer einige Ähnlichkeit hat und eben deshalb oft mit dieser durch die Fülle glockenförmiger Blüten desto reizender kontrastiert. Die baumartigen Heidekräuter wie einige andere afrikanische Gewächse erreichen das nördliche Ufer des Mittelmeers. Sie schmücken Welschland und die Cistusgebüsche des südlichen Spaniens. Am üppigsten wachsend habe ich sie auf Teneriffa am Abhange des Pics von Teyde gesehen. In den baltischen Ländern und weiter nach Norden hin ist diese Pflanzenform gefürchtet, Dürre und Unfruchtbarkeit verkündigend. Unsere Heidekräuter, Erica (Calluna) vulgaris, E. tetralix, E. carnea und E. cinerea sind gesellschaftlich lebende Gewächse, gegen deren fortschreitenden Zug die ackerbauenden Völker seit Jahrhunderten mit wenigem Glücke ankämpfen. Sonderbar, daß der Hauptrepräsentant der Familie bloß einer Seite unseres Planeten eigen ist! Von den 300 jetzt bekannten Arten von Erica findet sich nur eine einzige im Neuen Kontinent von Pennsylvanien und Labrador bis gegen Nutka und Alaska hin.

Dagegen ist bloß dem Neuen Kontinent eigentümlich die *Kaktusform*: bald kugelförmig, bald gegliedert, bald in hohen, viereckigen Säulen, wie Orgelpfeifen, aufrecht stehend. Diese Gruppe bildet den auffallendsten Kontrast mit der Gestalt der Liliengewächse und der Bananen. Sie gehört zu den Pflanzen, welche Bernardin de St. Pierre sehr glücklich vegetabilische Quellen der Wüste nennt. In den wasserleeren Ebenen von Südamerika suchen die von Durst geängstigten Tiere den *Melonenkaktus*: eine kugelförmige, halb im dürren Sande verborgene Pflanze, deren saftreiches Inneres unter furchtbaren Stacheln versteckt ist. Die säulenförmigen Kaktusstämme erreichen bis 30 Fuß Höhe, und kandelaberartig geteilt, oft mit Lichenen bedeckt, erinnern sie, durch Ähnlichkeit der Physiognomie, an einige afrikanische Euphorbien.

Wie *diese* grüne Oasen in den pflanzenleeren Wüsten bilden, so beleben die *Orchideen* den vom Licht verkohlten Stamm der Tropenbäume und die ödesten Felsenritzen. Die Vanillenform zeichnet sich aus durch hellgrüne, saftvolle Blätter wie durch vielfarbige Blüten von wunderbarem Baue. Die Orchideenblüten gleichen bald geflügelten Insekten, bald den Vögeln, welche der Duft der Honiggefäße anlockt. Das Leben eines Malers wäre nicht hinlänglich, um, auch nur einen beschränkten Raum durchmusternd, die prachtvollen Orchideen abzubilden, welche die tief ausgefurchten Gebirgstäler der peruanischen Andeskette zieren.

Blattlos, wie fast alle Kaktusarten, ist die Form der *Kasuarinen*: einer Pflanzengestalt, bloß der Südsee und Ostindien eigen; Bäume mit schachtelhalmähnlichen Zweigen. Doch finden sich auch in andern Erdstrichen Spuren dieses mehr sonderbaren als schönen Typus. Plumiers Equisetum altissimum, Forskals Ephedra aphylla aus Nordafrika, die peruanischen Colletien und das sibirische Calligonum Pallasia sind der Kasuarinenform nahe verwandt.

So wie in den Pisanggewächsen die höchste Ausdehnung, so ist in den Kasuarinen und in den *Nadelhölzern* die höchste Zusammenziehung der Blattgefäße. Tannen, Thuja und Zypressen bilden eine nordische Form, welche in den Tropen seltener ist und in einigen

Koniferen (Dammara Salisburia) ein breitblättriges Nadellaub zeigt. Ihr ewig frisches Grün erheitert die öde Winterlandschaft. Es verkündet gleichsam den Polarvölkern, daß, wenn Schnee und Eis den Boden bedecken, das innere Leben der Pflanzen, wie das Prometheische Feuer, nie auf unsrem Planeten erlischt.

Parasitisch, wie bei uns Moose und Flechten, überziehen in der Tropenwelt außer den Orchideen auch die *Pothos*gewächse den alternden Stamm der Waldbäume; saftige, krautartige Stengel erheben große, bald pfeilförmige, bald gefingerte, bald längliche, aber stets dickadrige Blätter. Die Blüten der Aroideen, ihre Lebenswärme erhöhend, sind in Scheiden eingehüllt; stammlos treiben sie Luftwurzeln. Verwandte Formen sind: Pothos, Dracontium, Caladium, Arum, das letzte bis zu den Küsten des Mittelmeeres fortschreitend, in Spanien und Italien mit saftvollem Huflattich, mit hohen Distelstauden und Akanthus die Üppigkeit des südlichen Pflanzenwuchses bezeichnend.

Zu dieser Arumform gesellt sich die Form der tropischen *Lianen*, in den heißen Erdstrichen von Südamerika in vorzüglichster Kraft der Vegetation; Paullinia, Banisteria, Bignonien und Passifloren. Unser rankender Hopfen und unsere Weinreben erinnern an diese Pflanzengestalt der Tropenwelt. Am Orinoco haben die blattlosen Zweige der Bauhinien oft 40 Fuß Länge. Sie fallen teils senkrecht aus dem Gipfel hoher Swietenien herab, teils sind sie schräg wie Masttaue ausgespannt, und die Tigerkatze hat eine bewundernswürdige Geschicklichkeit, daran auf- und abzuklettern.

Mit den biegsamen, sich rankenden Lianen, mit ihrem frischen und leichten Grün kontrastiert die selbständige Form der bläulichen *Aloë*gewächse: Stämme, wenn sie vorhanden sind, fast ungeteilt, eng geringelt und schlangenartig gewunden. An dem Gipfel sind saftreiche, fleischige, langzugespitzte Blätter strahlenartig zusammengehäuft. Die hochstämmigen Aloëgewächse bilden nicht Gebüsche, wie andere gesellschaftlich lebende Pflanzen; sie stehen einzeln in dürren Ebenen und geben dadurch der Tropengegend oft einen eigenen melancholischen (man möchte sagen afrikanischen) Charakter. Zu dieser Aloëform gehören wegen physiognomischer Ähnlichkeit im Eindruck der Landschaft: aus den Bromeliazeen die Pitcairnien, welche in der Andeskette aus Felsritzen aufsteigen, die große Pournetia pyramidata (Atschupalla der Hochebenen von Neu-Granada), die amerikanische Aloë (Agave), Bromelia Ananas und B. Karatas; aus den Euphorbiazeen die seltenen Arten mit dicken, kurzen, kandelaberartig geteilten Stämmen; aus der Familie der Asphodeleen die afrikanische Aloë und der Drachenbaum, Dracaena Draco; endlich unter den Liliazeen die hochblühende Yukka.

Wie die Aloëform sich durch ernste Ruhe und Festigkeit, so charakterisiert sich die *Grasform*, besonders die Physiognomie der baumartigen Gräser, durch den Ausdruck fröhlicher Leichtigkeit und beweglicher Schlankheit. Bambusgebüsche bilden schattige Bogengänge in beiden Indien. Der glatte, oft geneigt hinschwebende Stamm der Tropengräser übertrifft die Höhe unserer Erlen und Eichen. Schon in Italien fängt im Arundo Donax diese Form an, sich vom Boden zu erheben und durch Höhe und Masse den Naturcharakter des Landes zu bestimmen.

Mit der Gestalt der Gräser ist auch die der *Farren* in den heißen Erdstrichen veredelt. Baumartige, bis 40 Fuß hohe Farren haben ein palmenartiges Ansehen; aber ihr Stamm ist minder schlank, kürzer, schuppig-rauher als der der Palmen. Das Laub ist zarter, locker gewebt, durchscheinend und an den Rändern sauber ausgezackt. Diese kolossalen Farnkräuter sind fast ausschließlich den Tropen eigen; aber in diesen ziehen sie ein gemäßigtes Klima dem ganz heißen vor. Da nun die Milderung der Hitze bloß eine Folge der Höhe ist, so darf man Gebirge, welche zwei- bis dreitausend Fuß über dem Meere erhaben sind, als den Hauptsitz dieser Form nennen. Hochstämmige Farnkräuter begleiten in Südamerika den wohltätigen Baum, der die heilende Fieberrinde darbietet. Beide bezeichnen die glückliche Region der Erde, in welcher ewige Milde des Frühlings herrscht.

Noch nenne ich die Form der *Lilien*gewächse (Amaryllis, Ixia, Gladiolus, Pancratium), mit schilfartigen Blättern und prachtvollen Blüten: eine Form, deren Hauptvaterland das südliche Afrika ist; ferner die *Weidenform*, in allen Weltteilen einheimisch und in den Hochebenen von Quito, nicht durch die Gestalt der Blätter, sondern durch die der Verzweigung, in Schinus Molle wiederholt; *Myrten-*

gewächse (Metrosideros, Eucalyptus, Escallonia myrtilloides), *Melastomen*- und *Lorbeer*form.

Es wäre ein Unternehmen, eines großen Künstlers wert, den Charakter aller dieser Pflanzengruppen, nicht in Treibhäusern oder in den Beschreibungen der Botaniker, sondern in der großen Tropennatur selbst, zu studieren. Wie interessant und lehrreich für den Landschaftsmaler wäre ein Werk, welches dem Auge die aufgezählten sechzehn Hauptformen, erst einzeln und dann in ihrem Kontraste gegeneinander, darstellte! Was ist malerischer als baumartige Farren, die ihre zartgewebten Blätter über die mexikanischen Lorbeereichen ausbreiten? was reizender als Pisanggebüsche, von hohen Guadua- und Bambusgräsern umschattet? Dem Künstler ist es gegeben, die Gruppen zu zergliedern; und unter seiner Hand löst sich (wenn ich den Ausdruck wagen darf) das große Zauberbild der Natur, gleich den geschriebenen Werken der Menschen, in wenige einfache Züge auf.

Am glühenden Sonnenstrahl des tropischen Himmels gedeihen die herrlichsten Gestalten der Pflanzen. Wie im kalten Norden die Baumrinde mit dürren Flechten und Laubmoosen bedeckt ist, so beleben dort Cymbidium und duftende Vanille den Stamm der Anacardien und der riesenmäßigen Feigenbäume. Das frische Grün der Pothosblätter und der Dracontien kontrastiert mit den vielfarbigen Blüten der Orchideen. Rankende Bauhinien, Passifloren und gelbblühende Banisterien umschlingen den Stamm der Waldbäume. Zarte Blumen entfalten sich aus den Wurzeln der Theobroma wie aus der dichten und rauhen Rinde der Crescentien und der Gustavia. Bei dieser Fülle von Blüten und Blättern, bei diesem üppigen Wuchse und der Verwirrung rankender Gewächse wird es oft dem Naturforscher schwer, zu erkennen, welchem Stamme Blüten und Blätter zugehören. Ein einziger Baum, mit Paullinien, Bignonien und Dendrobium geschmückt, bildet eine Gruppe von Pflanzen, welche, voneinander getrennt, einen beträchtlichen Erdraum bedecken würden.

In den Tropen sind die Gewächse saftstrotzender, von frischerem Grün, mit größeren und glänzendsten Blättern geziert als in den nördlichem Erdstrichen. Gesellschaftlich lebende Pflanzen, welche die europäische Vegetation so einförmig machen, fehlen am Äquator beinahe gänzlich. Bäume, fast zweimal so hoch als unsere Eichen, prangen dort mit Blüten, welche groß und prachtvoll wie unsere Lilien sind. An den schattigen Ufern des Magdalenenflusses in Südamerika wächst eine rankende Aristolochia, deren Blume, von vier Fuß Umfang, sich die indischen Knaben in ihren Spielen über den Scheitel ziehen. Im südindischen Archipel hat die Blüte der Rafflesia fast drei Fuß Durchmesser und wiegt über vierzehn Pfund.

Die außerordentliche Höhe, zu welcher sich unter den Wendekreisen nicht bloß einzelne Berge, sondern ganze Länder erheben, und die Kälte, welche Folge dieser Höhe ist, gewähren dem Tropenbewohner einen seltsamen Anblick. Außer den Palmen und Pisanggebüschen umgeben ihn auch die Pflanzenformen, welche nur den nordischen Ländern anzugehören scheinen. Zypressen, Tannen und Eichen, Berberissträucher und Erlen (nahe mit den unsrigen verwandt) bedecken die Gebirgsebenen im südlichen Mexiko wie die Andeskette unter dem Äquator. So hat die Natur dem Menschen in der heißen Zone verliehen, ohne seine Heimat zu verlassen, alle Pflanzengestalten der Erde zu sehen, wie das Himmelsgewölbe von Pol zu Pol ihm keine seiner leuchtenden Welten verbirgt.

Diesen und so manchen anderen Naturgenuß entbehren die nordischen Völker. Viele Gestirne und viele Pflanzenformen, von diesen gerade die schönsten (Palmen, hochstämmige Farren und Pisanggewächse, baumartige Gräser und feingefiederte Mimosen), bleiben ihnen ewig unbekannt. Die krankenden Gewächse, welche unsere Treibhäuser einschließen, gewähren nur ein schwaches Bild von der Majestät der Tropenvegetation. Aber in der Ausbildung unserer Sprache, in der glühenden Phantasie des Dichters, in der darstellenden Kunst der Maler ist eine reiche Quelle des Ersatzes geöffnet. Aus ihr schöpft unsere Einbildungskraft die lebendigen Bilder einer exotischen Natur. Im kalten Norden, in der öden Heide kann der einsame Mensch sich aneignen, was in den fernsten Erdstrichen erforscht wird, und so in seinem Innern eine Welt sich schaffen, welche das Werk seines Geistes, frei und unvergänglich wie dieser, ist.

Über den Bau und die Wirkungsart der Vulkane in den verschiedenen Erdstrichen

(Diese Abhandlung wurde gelesen in der öffentlichen Versammlung der Akademie zu Berlin den 24. Jan. 1823.)

Wenn man den Einfluß betrachtet, welchen seit Jahrhunderten die erweiterte Erdkunde und wissenschaftliche Reisen in entfernte Regionen auf das Studium der Natur ausgeübt haben, so erkennt man bald, wie verschiedenartig derselbe gewesen ist, je nachdem die Untersuchung auf die Formen der organischen Welt oder auf das tote Erdgebilde, auf die Kenntnis der Felsarten, ihr relatives Alter und ihre Entstehung gerichtet war. Andere Gestalten von Pflanzen und Tieren beleben die Erde in jeglicher Zone: sei es wo in der meergleichen Ebene die Wärme des Luftkreises nach der geographischen Breite und den mannigfaltigen Krümmungen der isothermen Linien oder wo sie fast scheitelrecht, an dem steilen Abhange der Gebirgsketten, wechselt. Die organische Natur gibt jedem Erdstrich seinen eigenen physiognomischen Charakter; nicht so die unorganische, da wo die feste Rinde des Erdkörpers von der Pflanzendecke entblößt ist. Dieselben Gebirgsarten, wie gruppenweise sich anziehend und abstoßend, erscheinen in beiden Hemisphären vom Äquator an bis zu den Polen hin. In einem fernen Eilande, von fremdartigen Gewächsen umgeben, unter einem Himmel, wo nicht mehr die alten Sterne leuchten, erkennt oft der Seefahrer, freudig erstaunt, den heimischen Tonschiefer, die wohlbekannte Gebirgsart des Vaterlandes.

Diese Unabhängigkeit der geognostischen Verhältnisse von der gegenwärtigen Konstitution der Klimate mindert nicht den wohltätigen Einfluß, welchen zahlreiche, in fremden Weltgegenden angestellte Beobachtungen auf die Fortschritte der Gebirgskunde und der physikalischen Geognosie ausüben; sie gibt diesen Wissenschaften eine eigentümliche Richtung. Jede Expedition bereichert die Naturkunde mit neuen Pflanzen- und Tiergattungen. Bald sind es organische Formen, die sich an längst bekannte Typen anreihen und uns das regelmäßig gewebte, oft scheinbar unterbrochene Netz belebter Naturbildungen in seiner ursprünglichen Vollkommenheit darstellen, bald sind es Bildungen, welche isoliert auftreten, als entkommene Reste untergegangener Geschlechter oder als unbekannte, Erwartung erregende Glieder noch zu entdeckender Gruppen. Eine solche Mannigfaltigkeit gewährt freilich nicht die Untersuchung der festen Erdrinde. Sie offenbart uns vielmehr eine Übereinstimmung in den Gemengteilen, in der Auflagerung verschiedenartiger Massen und in ihrer periodischen Wiederkehr, welche die Bewunderung des Geognosten erregt. In der Andeskette wie in dem Zentralgebirge Europas scheint eine Formation gleichsam die andere herbeizurufen. Gleichnamige Massen gestalten sich zu ähnlichen Formen: in Zwillingsberge Basalt und Dolerit, als prallige Felswände Dolomit, Quadersandstein und Porphyr, zu Glocken oder hochgewölbten Domen der glasige, feldspatreiche Trachyt. In den entferntesten Zonen sondern sich gleichartig, wie durch innere Entwickelung, größere Kristalle aus dem dichten Gewebe der Grundmassen ab, umhüllen einander, treten in *untergeordnete Lager* zusammen und verkündigen oft als solche die Nähe einer neuen, unabhängigen Formation. So spiegelt sich, mehr oder minder klar, in jedem Gebirge von beträchtlicher Ausdehnung die ganze unorganische Welt; doch um die wichtigen Erscheinungen der Zusammensetzung, des relativen Alters und der Entstehung der Gebirgsarten vollständig zu erkennen, müssen Beobachtungen aus den verschiedensten Erdstrichen miteinander verglichen werden. Probleme, die dem Geognosten lange in seiner nordischen Heimat rätselhaft geschienen, finden ihre Lösung nahe am Äquator. Wenn die fernen Zonen, wie schon oben bemerkt ward, uns nicht neue Gebirgsarten liefern, d. h. unbekannte Gruppierungen einfacher Stoffe, so lehren sie uns dagegen die großen, überall gleichen Gesetze enthüllen, nach denen die Schichten der Erdrinde sich wechselseitig tragen, sich gangartig durchbrechen oder durch elastische Kräfte gehoben werden.

Bei dem eben geschilderten Gewinn, den das geognostische Wissen aus Untersuchungen zieht, welche große Länderstrecken umfassen, darf es uns nicht befremden, daß eine Klasse von Erscheinungen, die ich hier vorzugsweise behandle, lange um so einseitiger betrachtet worden ist, als die Vergleichungspunkte schwieriger, man könnte fast sagen mühevoller, aufzufinden waren. Was man bis gegen das Ende des verflossenen Jahrhunderts von der Gestalt der Vulkane und dem Wirken ihrer unterirdischen Kräfte zu wissen glaubte, war von zwei Bergen des südlichen Italiens, dem Vesuv und dem Ätna, hergenommen. Da der erste zugänglicher ist und (wie fast alle niedrigen Vulkane) häufiger auswirft, so hat ein Hügel gleichsam zum Typus gedient, nach welchem man sich eine ganze ferne Welt, die mächtigen aneinandergereihten Vulkane von Mexiko, Südamerika und den asiatischen Inseln, gebildet dachte. Ein solches Verfahren mußte mit Recht an Virgils Hirten erinnern, welcher in seiner engen Hütte das Vorbild der Ewigen Stadt, des königlichen Roms, zu sehen wähnte.

Allerdings hätte eine sorgfältigere Untersuchung des ganzen Mittelmeeres, besonders der östlichen Inseln und Küstenländer, wo die Menschheit zuerst zu geistiger Kultur und edleren Gefühlen erwachte, eine so einseitige Naturansicht vernichten können. Aus dem tiefen Meeresgrunde haben sich hier, unter den Sporaden, Trachytfelsen zu Inseln erhoben: dem azorischen Eilande ähnlich, das in drei Jahrhunderten dreimal, fast in gleichen Zeitabständen, periodisch erschienen ist. Zwischen Epidaurus und Trözene, bei Methone, hat der Peloponnes einen Monte nuovo, den Strabo beschrieben und Dodwell wieder gesehen hat: höher als der Monte nuovo der Phlegräischen Felder bei Bajä, vielleicht selbst höher als der neue Vulkan von Xorullo in den mexikanischen Ebenen, welchen ich von mehreren tausend kleinen, aus der Erde herausgeschobenen, noch gegenwärtig rauchenden Basaltkegeln umringt gefunden habe. Auch im Becken des Mittelmeeres bricht das vulkanische Feuer nicht bloß aus permanenten Kratern, aus isolierten Bergen aus, die eine dauernde Verbindung mit dem Inneren der Erde haben: wie Stromboli, der Vesuv und der Ätna. Auf Ischia am Epomäus und, wie es nach den Berichten der Alten scheint, auch in der Lelantischen Ebene bei Chalkis sind Laven aus Erdspalten geflossen, die sich plötzlich geöffnet haben. Neben diesen Erscheinungen, welche in die historische Zeit, in das enge Gebiet sicherer Traditionen fallen und welche Carl *Ritter* in seiner meisterhaften *Erdkunde* sammeln und erläutern wird, enthalten die Küsten des Mittelmeeres noch mannigfaltige Reste älterer Feuerwirkung. Das südliche Frankreich zeigt uns in der Auvergne ein eigenes geschlossenes System aneinandergereiheter Vulkane: Trachytglocken, abwechselnd mit Auswurfskegeln, aus denen Lavaströme bandförmig sich ergießen. Die lombardische seegleiche Ebene, welche den innersten Busen des Adriatischen Meeres bildet, umschließt den Trachyt der Euganeischen Hügel, wo Dome von körnigem Trachyt, von Obsidian und Perlstein sich erheben: drei auseinander sich entwickelnde Massen, welche die untere Kreide und den Nummuliten-Kalk durchbrechen, aber nie in schmalen Strömen geflossen sind. Ähnliche Zeugen alter Erdrevolutionen findet man in vielen Teilen des griechischen Kontinents und in Vorderasien, Ländern, welche dem Geognosten einst reichen Stoff zu Untersuchungen darbieten werden, wenn das Licht dahin zurückkehrt, von wo es zuerst über die westliche Welt gestrahlt, wenn die gequälte Menschheit nicht mehr der wilden Barbarei der Osmanen erliegt.

Ich erinnere an die geographische Nähe so mannigfaltiger Erscheinungen, um zu bewähren, daß der Kessel des Mittelmeeres mit seinen Inselreihen dem aufmerksamen Beobachter alles hätte darbieten können, was neuerlichst unter mannigfaltigen Formen und Bildungen in Südamerika, auf Teneriffa, oder in den Aleuten, der Polargegend nahe, entdeckt worden ist. Die Gegenstände der Beobachtungen fanden sich allerdings zusammengedrängt; aber Reisen in ferne Klimate, Vergleichungen großer Länderstriche in und außerhalb Europa waren nötig, um das Gemeinsame der vulkanischen Erscheinungen und ihre Abhängigkeit voneinander klar zu erkennen.

Der Sprachgebrauch, welcher oft den ersten irrigen Ansichten der Dinge Dauer und Ansehen verleiht, oft aber auch instinktmäßig das Wahre bezeichnet –, der Sprachgebrauch nennt *vulkanisch*: alle Ausbrüche unterirdischen Feuers und geschmolzener Materien; Rauch- und Dampfsäulen, die sporadisch aus den Felsen aufsteigen, wie bei Colares nach dem großen Erdbeben von Lissabon; Salsen oder feuchten Kot, Asphalt und Hydrogen auswerfende Lettenkegel, wie bei Girgenti in Sizilien und bei Turbaco in Südamerika; heiße Geiser-Quellen, die, von elastischen Dämpfen gedrückt, sich erheben; ja im allgemeinen alle Wirkungen wilder Naturkräfte, welche ihren Sitz tief im Innern unseres Planeten haben. In Mittelamerika (Guatemala) und auf den Philippinischen Inseln unterscheiden die Eingeborenen sogar förmlich zwischen *Wasser- und Feuer-Vulkanen*, Volcanes de agua y de fuego. Mit dem ersteren Namen bezeichnen sie Berge, aus welchen bei heftigen Erdstößen und mit dumpfem Krachen, von Zeit zu Zeit, unterirdische Wasser ausbrechen.

Ohne den Zusammenhang der soeben genannten Phänomene zu leugnen, scheint es doch ratsam, dem physischen wie dem oryktognostischen Teile der Geognosie eine bestimmtere Sprache zu geben und mit dem Worte Vulkan nicht bald einen Berg zu bezeichnen, der sich in einen permanenten Feuerschlund endigt, bald jegliche unterirdische Ursache vulkanischer Erscheinungen. Im gegenwärtigen Zustande der Erde ist freilich in allen Weltteilen die Form isolierter Kegelberge (die des Vesuvs, des Ätna, des Pics von Teneriffa, des Tunguragua und Cotopaxi) die gewöhnlichste Form der Vulkane; ich habe sie von dem niedrigsten Hügel bis zu 18 000 Fuß Höhe über der Meeresfläche anwachsen sehen. Aber neben diesen Kegelbergen findet man auch permanente Feuerschlünde, bleibende Kommunikationen mit dem Inneren der Erde, auf langgedehnten zackigen Rücken, und zwar nicht einmal immer in der Mitte ihrer mauerartigen Gipfel, sondern am Ende derselben, gegen den Abfall hin: so der Pichincha, der sich zwischen der Südsee und der Stadt Quito erhebt, und den Bouguers früheste Barometerformeln berühmt gemacht haben; so die Vulkane, welche in der zehntausend Fuß hohen Steppe de los Pastos sich erheben. Alle diese Gipfel von mannigfaltigen Gestalten bestehen aus Trachyt, einst Trapp-Porphyr genannt: einem körnigen, rissig-zerklüfteten Gesteine, zusammengesetzt aus Feldspatarten (Labrador, Oligoklas, Albit), Augit, Hornblende und bisweilen eingemengtem Glimmer, ja selbst Quarz. Wo die Zeugen des ersten Ausbruchs, ich möchte sagen das alte Gerüste, sich vollständig erhalten haben, da umgibt die isolierten Kegelberge zirkusartig eine hohe Felsmauer, ein Mantel, aus aufgelagerten Schichten zusammengesetzt. Solche Mauern oder ringförmige Umgebungen heißen *Erhebungskrater*: eine große, wichtige Erscheinung, über welche der erste Geognost unserer Zeit, Leopold von Buch, dessen Schriften ich auch in dieser Abhandlung mehrere Ansichten entlehne, unserer Akademie vor fünf Jahren eine so denkwürdige Abhandlung vorgelegt hat.

Mit dem Luftkreise durch Feuerschlünde kommunizierende Vulkane, konische Basalthügel und glockenförmige, kraterlose Trachytberge: letztere bald niedrig, wie der Sarcouy, bald hoch, wie der Chimborazo, bilden mannigfaltige Gruppen. Bald zeigt uns die *vergleichende Erdkunde* kleine Archipele, gleichsam geschlossene Bergsysteme, mit Krater und Lavaströmen in den Kanarischen Inseln und den Azoren, ohne Krater und ohne eigentliche Lavaströme in den Euganeen und dem Siebengebirge bei Bonn; bald beschreibt sie uns Vulkane, in einfachen oder doppelten Ketten aneinandergereiht, viele hundert Meilen lange Züge, entweder der Hauptrichtung der Gebirge parallel, wie in Guatemala, in Peru und Java, oder die Axe der Gebirge senkrecht durchschneidend, wie im tropischen Mexiko. In diesem Lande der Azteken erreichen feuerspeiende Trachytberge allein die hohe Schneegrenze und folgen einem Breitenkreise, wahrscheinlich auf einer Kluft ausgebrochen, die in einer Ausdehnung von 105 geografischen Meilen den ganzen Kontinent, vom Stillen Meer bis zum Atlantischen Ozean, durchschneidet.

Dieses Zusammendrängen der Vulkane, bald in einzelne rundliche Gruppen, bald in doppelte Züge, liefert den entscheidendsten Beweis, daß die vulkanischen Wirkungen nicht von kleinlichen, der Oberfläche nahen Ursachen abhangen, sondern daß sie große, tief begründete Erscheinungen sind. Der ganze östliche, an Metallen arme Teil des amerikanischen Festlandes ist in seinem gegenwärtigen Zustande ohne Feuerschlünde, ohne Trachytmassen, vielleicht selbst ohne Basalt mit Olivin. Alle amerikanischen Vulkane sind in dem Asien gegenüberliegenden Teile vereinigt, in der meridianartig ausgedehnten, 1800 geographische Meilen langen Andeskette.

Auch ist das ganze Hochland von Quito, dessen Gipfel der Pichincha, der Cotopaxi und Tunguragua bilden, ein einziger vulkanischer Herd. Das unterirdische Feuer bricht bald aus der einen, bald aus der andern dieser Öffnungen aus, die man sich als abgesonderte Vulkane zu betrachten gewöhnt hat. Die fortschreitende Bewegung des Feuers ist hier seit drei Jahrhunderten von Norden gegen Süden gerichtet. Selbst die Erdbeben, welche so furchtbar diesen Weltteil heimsuchen, liefern merkwürdige Beweise von der Existenz unterirdischer Verbindungen: nicht bloß zwischen vulkanlosen Ländern, was längst bekannt ist, sondern auch zwischen Feuerschlünden, die weit voneinander entfernt liegen. So stieß der Vulkan von Pasto, östlich vom Flusse Guaytara, drei Monate lang im Jahr 1797 ununterbrochen eine hohe Rauchsäule aus; die Säule verschwand in demselben Augenblick, als 60 Meilen davon das große Erdbeben von Riobamba und der Schlammausbruch der Moya dreißig- bis vierzigtausend Indianer töteten.

Die plötzliche Erscheinung der azorischen Insel Sabrina, am 30. Januar 1811, war der Vorbote der fürchterlichen Erdstöße, welche weit westlich, vom Monat Mai 1811 bis zum Junius 1813, fast unaufhörlich, erst die Antillen, dann die Ebene des Ohio und Mississippi, und zuletzt die der Ebene gegenüberstehenden Küsten von Venezuela oder Caracas erschütterten. Dreißig Tage nach der gänzlichen Zerstörung der schönen Hauptstadt des Landes erfolgte der Ausbruch des lange ruhenden Vulkans von Sankt Vincent in den nahen Antillen. Eine merkwürdige Naturerscheinung begleitete diesen Ausbruch. In demselben Augenblick, als diese Explosion erfolgte, am 30. April 1811, wurde in Südamerika ein schreckenerregendes unterirdisches Getöse in einem Landstrich von 2200 geografischen Quadratmeilen vernommen. Die Anwohner des Apure, beim Einfluß des Rio Nula, verglichen dies Getöse, ebenso als die fernsten Küstenbewohner von Venezuela, mit der Wirkung schweren Geschützes. Nun werden aber von dem Einfluß des Rio Nula in den Apure, durch welchen ich in den Orinoco gekommen bin, bis zum Vulkan von Sankt Vincent in gerader Richtung 157 geografische Meilen gezählt. Dies Getöse, welches sich gewiß nicht durch die Lüfte fortpflanzte, muß eine tiefe unterirdische Ursache gehabt haben. Seine Intensität war kaum größer an den Küsten des antillischen Meeres, dem ausbrechenden Vulkan näher, als in dem Innern des Landes, in dem Flußbecken des Apure und Orinoco.

Es würde zwecklos sein, die Zahl solcher Beispiele, die ich gesammelt, zu vermehren; aber um an eine Erscheinung zu erinnern, die für Europa historisch wichtiger geworden ist, gedenke ich nur noch des bekannten Erdbebens von Lissabon. Gleichzeitig mit demselben, am 1. Nov. 1755, wurden nicht nur die Schweizer Seen und das Meer an den schwedischen Küsten heftig bewegt; selbst in den östlichen Antillen, um Martinique, Antigua und Barbados, wo sie nie über 28 Zoll erreicht, stieg die Flut plötzlich zwanzig Fuß hoch. Alle diese Phänomene beweisen, daß die unterirdischen Kräfte entweder dynamisch, spannend und erschütternd in Erdbeben, oder produzierend und chemisch verändernd in den Vulkanen sich äußern. Sie beweisen auch, daß diese Kräfte nicht oberflächlich, aus der dünnen Erdrinde, sondern tief aus dem Innern unseres Planeten durch Klüfte und unausgefüllte Gänge nach den entferntesten Punkten der Erdfläche gleichzeitig hinwirken.

Je mannigfaltiger der Bau der Vulkane, d. h. der Erhebungen ist, welche den Kanal umschließen, durch den die geschmolzenen Massen des inneren Erdkörpers an die Oberfläche gelangen, desto wichtiger ist es, diesen Bau mittelst genauer Messungen zu ergründen. Das Interesse dieser Messungen, die in einem andern Weltteile ein besonderer Gegenstand meiner Untersuchungen gewesen sind, wird durch die Betrachtung erhöht, daß das zu Messende an vielen Punkten eine veränderliche Größe ist. Die philosophische Naturkunde ist bemüht, in dem Wechsel der Erscheinungen die Gegenwart an die Vergangenheit anzureihen.

Um eine periodische Wiederkehr oder überhaupt die Gesetze fortschreitender Naturveränderungen zu ergründen, bedarf es gewisser fester Punkte, sorgfältig angestellter Beobachtungen, die, an bestimmte Epochen gebunden, zu numerischen Vergleichungen dienen können. Hätte auch nur von tausend zu tausend Jahren die mittlere Temperatur des Luftkreises und der Erde in verschiedenen Breiten oder die mittlere Höhe des Barometers an der Meeresfläche bestimmt werden können, so würden wir wissen, in welchem Verhältnis die Wärme der Klimate zu- oder abgenommen, ob die Höhe der Atmosphäre Veränderungen erlitten hat. Eben dieser Vergleichungspunkte bedarf man für die Neigung und Abweichung der Magnetnadel, wie für die Intensität der magnetisch-elektrischen Kräfte, über welche im Kreise dieser Akademie zwei treffliche Physiker, Seebeck und Erman, ein so großes Licht verbreitet haben. Wenn es ein rühmliches Geschäft gelehrter Gesellschaften ist, den kosmischen Veränderungen der Wärme, des Luftdrucks, der magnetischen Richtung und Ladung beharrlich nachzuspüren, so ist es dagegen die Pflicht des reisenden Geognosten, bei Bestimmung der Unebenheiten der Erdoberfläche hauptsächlich auf die veränderliche Höhe der Vulkane Rücksicht zu nehmen. Was ich vormals in den mexikanischen Gebirgen, am Volcan de Toluca, am Popocatepetl, am Cofre de Perote oder Nauhcampatepetl und am Xorullo, was ich in den Andes von Quito am Pichincha versucht, habe ich Gelegenheit gehabt, seit meiner Rückkehr nach Europa, zu verschiedenen Epochen am Vesuv zu wiederholen. Wo vollständige trigonometrische oder barometrische Messungen fehlen, können sie schon durch scharf gefaßte Höhenwinkel, die an genau bestimmten Punkten genommen sind, ersetzt werden. Die Vergleichung solcher in verschiedenen Zeitepochen gemessenen Höhenwinkel kann oft sogar der Komplikation vollständiger Operationen vorzuziehen sein.

Saussure hatte den Vesuv im Jahr 1773 zu einer Zeit gemessen, wo beide Ränder des Kraters, der nordwestliche und südöstliche, ihm gleich hoch schienen. Er fand ihre Höhe über der Meeresfläche 609 Toisen oder 3654 Pariser Fuß. Die Eruption von 1794 verursachte einen Absturz gegen Süden, die Ungleichheit der Kraterränder, welche das ungeübteste Auge selbst in großer Entfernung unterscheidet. Wir maßen, Leopold von Buch, Gay-Lussac und ich, im Jahr 1805 den Vesuv dreimal, und fanden den nördlichen Rand, der der Somma gegenüber steht, la Rocca del Palo, genau wie Saussure, den südlichen Rand aber 75 Toisen (450 F.) niedriger als 1773. Die ganze Höhe des Vulkans hatte damals gegen Torre del Greco hin (nach einer Seite, gegen welche seit 30 Jahren das Feuer gleichsam vorzugsweise hinwirkt) um $1/8$ abgenommen. Der Aschenkegel verhält sich zur ganzen Höhe des Berges am Vesuv wie 1 zu 3, am Pichincha wie 1 zu 10, am Pic von Teneriffa wie 1 zu 22. Der Vesuv hat also von diesen drei Feuerbergen verhältnismäßig den höchsten Aschenkegel; wahrscheinlich schon darum, weil er, als ein niedriger Vulkan, am meisten durch seinen Gipfel gewirkt hat.

Vor wenigen Monaten (des Jahres 1822) ist es mir geglückt, nicht bloß meine früheren Barometermessungen am Vesuv zu wiederholen, sondern auch, bei dreimaliger Besteigung des Berges, eine vollständigere Bestimmung aller Kraterränder zu unternehmen. Diese Arbeit verdient vielleicht darum einiges Interesse, weil sie die lange Epoche großer Eruptionen zwischen 1805 und 1822 umfaßt und vielleicht die einzige in allen ihren Teilen vergleichbare Messung ist, welche man bisher von irgendeinem Vulkan bekanntgemacht hat. Sie beweist, daß die Ränder der Krater, nicht bloß da, wo sie (wie am Pic von Teneriffa und an allen Vulkanen der Andeskette) sichtbar aus Trachyt bestehen, sondern überall ein weit beständigeres Phänomen sind, als man bisher nach flüchtig angestellten Beobachtungen geglaubt hat. Nach meinen letzten Bestimmungen hat sich der nordwestliche Rand des Vesuvs seit Saussure, also seit 49 Jahren, vielleicht gar nicht, der südöstliche Rand, gegen Bosche

Tre Case hin, welcher 1794 um 400 Fuß niedriger ward, kaum um 10 Toisen (60 F.) verändert.

Wenn man in öffentlichen Blättern, bei der Beschreibung großer Auswürfe, so oft der gänzlich veränderten Gestalt des Vesuvs erwähnt findet; wenn man diese Behauptungen durch die pittoresken Ansichten bewährt glaubt, welche in Neapel von dem Berge entworfen werden: so liegt die Ursache des Irrtums darin, daß man die Umrisse der Kraterränder mit den Umrissen der Auswurfskegel verwechselt, welche zufällig in der Mitte des Kraters auf dem, durch Dämpfe gehobenen Boden des Feuerschlundes sich bilden. Ein solcher Auswurfskegel, von Rapilli und Schlacken locker aufgetürmt, war in den Jahren 1816 und 1818 allmählich über dem südöstlichen Kraterrand sichtbar geworden. Die Eruption vom Monat Februar 1822 hatte ihn dergestalt vergrößert, daß er selbst 100 bis 110 Fuß höher als der nordwestliche Kraterrand (die Rocca del Palo) geworden war. Dieser merkwürdige Kegel nun, den man sich in Neapel als den eigentlichen Gipfel des Vesuvs zu betrachten gewöhnt hatte, ist bei dem letzten Auswurf, in der Nacht vom 22. Oktober, mit furchtbarem Krachen eingestürzt: so daß der Boden des Kraters, der seit 1811 ununterbrochen zugänglich war, gegenwärtig 750 Fuß tiefer liegt als der nördliche, 200 Fuß tiefer als der südliche Rand des Vulkans. Die veränderliche Gestalt und relative Lage der Auswurfskegel, deren Öffnungen man ja nicht, wie so oft geschieht, mit dem Krater des Vulkans verwechseln muß, gibt dem Vesuv zu verschiedenen Epochen eine eigentümliche Physiognomie; und der Historiograph des Vulkans könnte aus dem Umriß des Berggipfels, nach dem bloßen Anblicke der Hackertschen Landschaften im Palaste von Portici, je nachdem die nördliche oder südliche Seite des Berges höher angedeutet ist, das Jahr erraten, in welchem der Künstler die Skizze zu seinem Gemälde entworfen hat.

Einen Tag nach dem Einsturz des 400 Fuß hohen Schlackenkegels, als bereits die kleinen, aber zahlreichen Lavaströme abgeflossen waren, in der Nacht vom 23. zum 24. Oktober, begann der feurige Ausbruch der Asche und der Rapilli. Er dauerte ununterbrochen 12 Tage fort, doch war er in den ersten 4 Tagen am größten. Während dieser Zeit wurden die Detonationen im Innern des Vulkanes so stark, daß die bloße Erschütterung der Luft (von Erdstößen hat man durchaus nichts gespürt) die Decken der Zimmer im Palaste von Portici sprengte. In den nahegelegenen Dörfern Resina, Torre del Greco, Torre dell'Annunziata und Bosche Tre Case zeigte sich eine merkwürdige Erscheinung. Die Atmosphäre war dermaßen mit Asche erfüllt, daß die ganze Gegend, in der Mitte des Tages, mehrere Stunden lang in das tiefste Dunkel gehüllt blieb. Man ging mit Laternen in den Straßen, wie es so oft in Quito, bei den Ausbrüchen des Pichincha, geschieht. Nie war die Flucht der Einwohner allgemeiner gewesen. Man fürchtet Lavaströme weniger als einen Aschenauswurf: ein Phänomen, das in solcher Stärke hier unbekannt ist und durch die dunkle Sage von der Zerstörungsweise von Herculanum, Pompeji und Stabiä die Einbildungskraft der Menschen mit Schreckbildern erfüllt.

Der heiße Wasserdampf, welcher während der Eruption aus dem Krater aufstieg und sich in die Atmosphäre ergoß, bildete beim Erkalten ein dickes Gewölk um die neuntausend Fuß hohe Aschen- und Feuersäule. Eine so plötzliche Kondensation der Dämpfe und, wie Gay-Lussac gezeigt hat, die Bildung des Gewölkes selbst vermehrten die elektrische Spannung. Blitze fuhren schlängelnd nach allen Richtungen aus der Aschensäule umher, und man unterschied deutlich den rollenden Donner von dem inneren Krachen des Vulkans. Bei keinem andern Ausbruche war das Spiel der elektrischen Schläge so auffallend gewesen.

Am Morgen des 26. Oktobers verbreitete sich die sonderbare Nachricht: ein Strom siedenden Wassers ergieße sich aus dem Krater und stürze am Aschenkegel herab. Monticelli, der eifrige und gelehrte Beobachter des Vulkans, erkannte bald, daß eine optische Täuschung dies irrige Gerücht veranlaßt habe. Der vorgebliche Strom war eine große Menge trockener Asche, die aus einer Kluft in dem obersten Rande des Kraters, wie Triebsand, hervorschoß. Nachdem eine die Felder verödende Dürre dem Ausbruch des Vesuvs vorangegangen war, erregte, gegen das Ende desselben, das eben beschriebene *vulkanische Gewitter* einen wolkenbruchartigen, aber lange anhaltenden Regen. Solch eine Erscheinung charakterisiert, unter allen Zonen, das Ende einer Eruption. Da während derselben gewöhnlich der Aschenkegel in Wolken gehüllt ist und da in seiner Nähe die Regengüsse am stärksten sind, so sieht man Schlammströme von allen Seiten herabfliegen. Der erschrockene Landmann hält dieselben für Wasser, die aus dem Innern des Vulkans aufsteigen und sich durch den Krater ergießen; der getäuschte Geognost glaubt in ihnen Meerwasser zu erkennen oder kotartige Erzeugnisse des Vulkans, sogenannte Éruptions boueuses, oder, nach der Sprache alter französischer Systematiker, Produkte einer feurig-wässrigen Liquefaction.

Wenn die Gipfel der Vulkane (und dies ist meist in der Andeskette der Fall) über die Schneeregion hinausreichen oder gar bis zur zwiefachen Höhe des Ätna anwachsen, so werden, des geschmolzenen und einsinternden Schnees wegen, die soeben beschriebenen Inundationen überaus häufig und verwüstend. Es sind Erscheinungen, die mit den Eruptionen der Vulkane meteorologisch zusammenhängen und durch die Höhe der Berge, den Umfang ihrer stets beschneiten Gipfel und die Erwärmung der Wände der Aschenkegel vielfach modifiziert werden; aber als eigentliche vulkanische Erscheinungen dürfen sie nicht betrachtet werden. In weiten Höhlen, bald am Abhange, bald am Fuß der Vulkane, entstehen unterirdische Seen, die mit den Alpenbächen vielfach kommunizieren. Wenn Erdstöße, welche allen Feuerausbrüchen der Andeskette vorhergehen, die ganze Masse des Vulkans mächtig erschüttern, so öffnen sich die unterirdischen Gewölbe, und es entstürzen ihnen zugleich Wasser, Fische und tuffartiger Schlamm. Dies ist die sonderbare Erscheinung, welche der Wels der Cyclopen (Pimelodes Cyclopum) gewährt, den die Bewohner des Hochlandes von Quito Prefiadilla nennen und den ich, kurz nach meiner Rückkunft, beschrieben habe. Als nördlich vom Chimborazo in der Nacht vom 19. zum 20. Junius 1698 der Gipfel des 18 000 Fuß hohen Berges Carguairazo einstürzte, da bedeckten Schlamm und Fische, auf fast zwei Quadratmeilen, alle Felder umher. Ebenso wurden, sieben Jahre früher, die Faulfieber der Stadt Ibarra einem ähnlichen Fischauswurfe des Vulkans Imbaburu zugeschrieben.

Ich gedenke dieser Tatsachen, weil sie über den Unterschied zwischen dem Auswurf trockener Asche und schlammartiger, Holz, Kohle und Muscheln umwickelnder Anschwemmungen von Tuff und Traß einiges Licht verbreiten. Die Aschenmenge, welche der Vesuv neuerlichst ausgeworfen, ist, wie alles, was mit den Vulkanen und anderen großen, schreckenerregenden Naturerscheinungen zusammenhängt, in öffentlichen Blättern übermäßig vergrößert worden; ja zwei neapolitanische Chemiker, Vicenzo Pepe und Giuseppe di Nobili, schrieben sogar, trotz der Widersprüche von Monticelli und Covelli, der Asche Silber- und Goldgehalt zu. Nach meinen Untersuchungen hat die in 12 Tagen gefallene Aschenschicht gegen Bosche Tre Case hin, am Abhange des Konus, da wo Rapilli beigemengt waren, nur drei Fuß, in der Ebene höchstens 15 bis 18 Zoll Dicke erreicht. Messungen dieser Art müssen nicht an solchen Stellen geschehen, wo die Asche, wie Schnee oder Sand, vom Winde zusammengeweht oder durch Wasser breiartig angeschwemmt ist. Die Zeiten sind vorüber, wo man, ganz nach Art der Alten, in den vulkanischen Erscheinungen nur das Wunderbare suchte, wo man, wie Ktesias, die Asche des Ätna bis nach der indischen Halbinsel fliegen ließ. Ein Teil der mexikanischen Gold- und Silbergänge findet sich freilich in trachyt-artigem Porphyr; aber in der Vesuvasche, die ich mitgebracht und die ein vortrefflicher Chemiker, Heinrich Rose, auf meine Bitte untersucht hat, ist keine Spur von Gold oder Silber zu erkennen.

So entfernt auch die Resultate, welche ich hier entwickle und welche Monticellis genauern Beobachtungen entsprechen, von denen sind, die man in den letzten Monaten verbreitet hat, so bleibt doch der Aschenauswurf des Vesuvs vom 24. zum 28. Oktober der denkwürdigste, von dem man, seit des älteren Plinius Tode, eine sichere Nachricht hat. Die Menge ist vielleicht dreimal größer gewesen als alle Asche, welche man hat fallen sehen, solange vulkanische Erscheinungen mit Aufmerksamkeit in Italien beobachtet werden. Eine Schicht von 15 bis 18 Zoll scheint, auf den ersten Anblick, unwichtig gegen die Masse, mit der wir Pompeji bedeckt finden. Aber ohne auch der Regengüsse und Anschwemmungen zu gedenken, die allerdings diese Masse, seit Jahrhunderten, vermehrt haben mögen, ohne den lebhaften Streit wieder aufzuregen, welcher, jenseits der Alpen, über die Zerstörungsursachen der kampanischen

Städte mit vielem Skeptizismus geführt worden ist: darf man wohl hier in Erinnerung bringen, daß die Ausbrüche eines Vulkans, in weit voneinander entfernten Zeitepochen, ihrer Intensität nach, keinesweges miteinander zu vergleichen sind. Alle auf Analogien gestützte Schlüsse sind unzureichend, wenn sie sich auf quantitative Verhältnisse, auf Menge der Lava und Asche, auf Höhe der Rauchsäulen, auf Stärke der Detonationen beziehen.

Aus der geographischen Beschreibung des Strabo und einem Urteil des Vitruvius über den vulkanischen Ursprung des Bimssteins ersieht man, daß bis zu Vespasians Todesjahre, d. h. bis zum Ausbruch, der Pompeji bedeckte, der Vesuv mehr einem ausgebrannten Vulkan als einer Solfatara ähnlich sah. Wenn plötzlich nach langer Ruhe die unterirdischen Kräfte sich neue Wege eröffneten, wenn sie Schichten von uranfänglichem Gestein und Trachyt wiederum durchbrachen, so mußten Wirkungen sich äußern, für welche die später erfolgten kein Maß abgeben können. Aus dem bekannten Briefe, in welchem der jüngere Plinius den Tod seines Oheims dem Tacitus berichtet, ersieht man deutlich, daß die Erneuerung der Ausbrüche, man könnte sagen die Wiederbelebung des schlummernden Vulkans, mit Eruption der Asche anfing. Eben dies wurde bei Xorullo bemerkt, als der neue Vulkan im September 1759, Syenit- und Trachytschichten durchbrechend, sich plötzlich in der Ebene erhob. Die Landleute flohen, weil sie auf ihren Hüten Asche fanden, welche aus der überall geborstenen Erde hervorgeschleudert ward. Bei den gewöhnlichen periodischen Wirkungen der Vulkane endigt dagegen der Aschenregen jede partielle Eruption. Überdies enthält der Brief des jüngeren Plinius eine Stelle, welche deutlich anzeigt, daß gleich anfangs, ohne Einfluß von Anschwemmungen, die aus der Luft gefallene trockene Asche eine Höhe von 4 bis 5 Fuß erreichte. »Der Hof«, heißt es im Verfolg der Erzählung, »durch den man in das Zimmer trat, in welchem Plinius Mittagsruhe hielt, war so mit Asche und Bimsstein angefüllt, daß, wenn der Schlafende länger gezögert hätte, er den Ausgang würde versperrt gefunden haben.« In dem geschlossenen Raume eines Hofes kann die Wirkung Asche zusammenwehender Winde wohl eben nicht beträchtlich gewesen sein.

Ich habe meine vergleichende Übersicht der Vulkane durch einzelne, am Vesuv angestellte Beobachtungen unterbrochen, teils des großen Interesses wegen, welches der letzte Ausbruch erregt hat, teils aber auch, weil jeder starke Aschenregen uns fast unwillkürlich an den klassischen Boden von Pompeji und Herculanum erinnert. In einer Beilage, deren Lesung für diese Versammlung nicht geeignet ist, habe ich alle Elemente der Barometermessungen zusammengedrängt, welche ich am Ende des letztverflossenen Jahres am Vesuv und in den Phlegräischen Feldern zu machen Gelegenheit gehabt habe.

Wir haben bisher die Gestalt und die Wirkungen derjenigen Vulkane betrachtet, die durch einen Krater in einer dauernden Verbindung mit dem Inneren der Erde stehen. Die Gipfel solcher Vulkane sind gehobene, durch Gänge mannigfaltig durchschnittene Massen von Trachyt und Laven. Die Permanenz ihrer Wirkungen läßt auf eine sehr zusammengesetzte Struktur schließen. Sie haben, sozusagen, einen individuellen Charakter, der in langen Perioden sich gleich bleibt. Nahe gelegene Berge der Art geben meist ganz verschiedene Produkte: Leucit- und Feldspat-Laven, Obsidian mit Bimsstein, olivinhaltige, basaltartige Massen. Sie gehören zu den neueren Erscheinungen der Erde, durchbrechen meist alle Schichten des Flözgebirges, und ihre Auswürfe und Lavaströme sind späteren Ursprungs als unsere Täler. Ihr Leben, wenn man sich dieses figürlichen Ausdrucks bedienen dürfte, hängt von der Art und Dauer ihrer Verbindungen mit dem Inneren des Erdkörpers ab. Sie ruhen oft jahrhundertelang, entzünden sich plötzlich wieder und enden als Wasserdampf, Gasarten und Säuren ausstoßende Solfataren; aber bisweilen, wie man an dem Pic von Teneriffa bemerkt, ist ihr Gipfel bereits eine Werkstatt regenerierten Schwefels geworden: und doch entfließen noch mächtige Lavaströme den Seiten des Berges, basaltartig in der Tiefe, obsidianartig mit Bimsstein nach oben hin, wo der Druck geringer ist.

Unabhängig von diesen mit permanenten Kratern versehenen Vulkanen, gibt es eine andere Art vulkanischer Erscheinungen, die seltener beobachtet werden, aber, vorzugsweise belehrend für die Geognosie, an die Urwelt, d. h. an die frühesten Revolutionen unsers Erdkörpers, erinnern. Trachytberge öffnen sich plötzlich, werfen Lava und Asche aus und schließen sich wieder, vielleicht auf immer. So der mächtige Antisana in der Andeskette, so der Epomäus auf Ischia im Jahre 1302. Bisweilen geschieht ein solcher Ausbruch selbst in der Ebene: wie im Hochlande von Quito, auf Island, fern vom Hekla, und auf Euböa in den Lelantischen Gefilden. Viele der gehobenen Inseln gehören zu diesen vorübergehenden Erscheinungen. Die Verbindung mit dem inneren Erdkörper ist dann nicht permanent; die Wirkung hört auf, sobald die Kluft, der kommunizierende Kanal, wiederum geschlossen ist. Gänge von Basalt, Dolerit und Porphyr, welche in verschiedenen Erdstrichen fast alle Formationen durchschneiden; Syenit, Augit-Porphyr und Mandelsteinmassen, welche die neuesten Schichten des Übergangsgebirges und die älteste Schicht des Flözgebirges charakterisieren: sind wahrscheinlich auf eine ähnliche Weise gebildet worden. In dem Jugendalter unseres Planeten drangen die flüssig gebliebenen Stoffe des Inneren durch die überall geborstene Erdrinde hervor: bald erstarrend als körniges Ganggestein, bald sich überlagernd und schichtenweise verbreitend. Was die Urwelt von ausschließlich sogenannten vulkanischen Gebirgsarten uns überliefert hat, ist nicht bandartig, wie die Laven unserer isolierten Kegelberge, geflossen. Die Gemenge von Augit, Titan-Eisen, Feldspat und Hornblende mögen zu verschiedenen Epochen dieselben gewesen sein, bald dem Basalte, bald dem Trachyte näher; die chemischen Stoffe mögen sich (wie es Mitscherlichs wichtige Arbeiten und die Analogie künstlicher Feuerprodukte lehren) in bestimmten Mischungsverhältnissen kristallinisch aneinandergereiht haben: immer erkennen wir, daß ähnlich zusammengesetzte Stoffe auf sehr verschiedenen Wegen an die Oberfläche der Erde gekommen sind, entweder bloß gehoben oder aus temporären Spalten vorgedrungen, und daß sie, die älteren Gebirgsschichten, d. h. die früher oxydierte Erdrinde, durchbrechend, sich endlich aus Kegelbergen, die einen permanenten Krater haben, als Lavaströme ergossen. Die Verwechselung dieser so verschiedenartigen Erscheinungen führt die Geognosie der Vulkane in das Dunkel zurück, dem eine große Zahl vergleichender Erfahrungen sie allmählich zu entreißen angefangen hat.

Es ist oft die Frage aufgeworfen worden: was in den Vulkanen brenne, was die Wärme errege, bei welcher Erde und Metalle schmelzend sich mischen. Die neuere Chemie hat zu antworten versucht: was da brennt, sind die Erden, sind die Metalle, sind die Alkalien selbst; es sind die Metalloide dieser Stoffe. Die feste, bereits oxydierte Erdrinde scheidet das umgebende sauerstoffhaltige Luftmeer von den brennbaren unoxydierten Stoffen im Innern unseres Planeten. Bei dem Kontakt jener Metalloide mit zudringendem Sauerstoff entsteht die Wärmeentbindung. Der berühmte, geistreiche Chemiker, der diese Erklärung vulkanischer Erscheinungen vortrug, hat sie bald selbst wiederum aufgegeben. Die Erfahrungen, welche man unter allen Zonen in Bergwerken und Höhlen gemacht und welche ich mit Arago in einer eigenen Abhandlung zusammengestellt, beweisen, daß schon in geringer Tiefe die Wärme des Erdkörpers um vieles höher als an demselben Orte die mittlere Temperatur des Luftkreises ist. Eine so merkwürdige und allgemein bewährte Tatsache steht in Verbindung mit dem, was die vulkanischen Erscheinungen uns lehren. Es ist die Tiefe berechnet worden, in welcher man den Erdkörper als eine geschmolzene Masse betrachten könne. Die primitive Ursach dieser unterirdischen Wärme ist, wie an allen Planeten, der Bildungsprozeß selbst, das Abscheiden der sich ballenden Masse aus einer kosmischen dunstförmigen Flüssigkeit, die Abkühlung der Erdschichten verschiedener Tiefen durch Ausstrahlung. Alle vulkanischen Erscheinungen sind wahrscheinlich das Resultat einer steten oder vorübergehenden Verbindung zwischen dem Innern und Äußern unseres Planeten. Elastische Dämpfe drücken die geschmolzenen, sich oxydierenden Stoffe durch tiefe Spalten aufwärts. Die Vulkane sind demnach intermittierende Erdquellen; die flüssigen Gemenge von Metallen, Alkalien und Erden, welche zu Lavaströmen erstarren, fließen sanft und stille, wenn sie, gehoben, irgendwo einen Ausgang finden. Auf ähnliche Weise stellten sich die Alten (nach Platons Phädon) alle vulkanischen Feuerströme als Ausflüsse des Pyriphlegethon vor.

Diesen Betrachtungen sei es mir erlaubt eine andere, gewagtere, anzuschließen. Liegt nicht auch in der inneren Wärme des Erdkörpers, auf welche Thermometerversuche über Quellen, die aus verschiedenen Tiefen emporsteigen, und Beobachtungen über die Vulkane hindeuten, die Ursache eines der wunderbarsten Phänomene, welche die Petrefaktenkunde uns darbietet? Tropische Tiergestalten, baumartige Farrenkräuter, Palmen und Bambusgewächse liegen vergraben im kalten Norden. Überall zeigt uns die Urwelt eine Verteilung organischer Bildungen, mit welcher die dermalige Beschaffenheit der Klimate im Widerspruch steht. Zur Lösung eines so wichtigen Problems hat man mehrerlei Hypothesen ersonnen: Annäherung eines Kometen, veränderte Schiefe der Ekliptik, vermehrte Intensität des Sonnenlichtes. Keine derselben hat den Astronomen, den Physiker und den Geognosten zugleich befriedigen können. Ich lasse gern unverändert die Achse der Erde, oder das Licht der Sonnenscheibe, aus deren Flecken ein berühmter Sternkundiger Fruchtbarkeit und Mißwachs der Felder erklärt hat; aber ich glaube zu erkennen, daß in jeglichem Planeten, unabhängig von seinen Verhältnissen zu einem Zentralkörper und von seinem astronomischen Stande, mannigfaltige Ursachen der Wärmeentbindung liegen: durch Oxydationsprozesse, Niederschläge und chemisch veränderte Kapazität der Körper, durch Zunahme elektromagnetischer Ladung, durch geöffnete Kommunikation zwischen den inneren und äußeren Teilen.

Wo in der Vorwelt die tiefgespaltete Erdrinde aus ihren Klüften Wärme ausstrahlte, da konnten vielleicht jahrhundertelang, in ganzen Länderstrecken, Palmen und baumartige Farrenkräuter und alle Tiere der heißen Zone gedeihen. Nach dieser Ansicht der Dinge, die ich in einem eben erschienenen Werke: *Geognostischer Versuch über die Lagerung der Gebirgsarten in beiden Hemisphären*, bereits angedeutet habe, wäre die Temperatur der Vulkane die des inneren Erdkörpers selbst; und dieselbe Ursach, welche jetzt so schauervolle Verwüstungen anrichtet, hätte einst, auf der neu oxydierten Erdrinde, auf den tief zerklüfteten Felsschichten, unter jeglicher Zone den üppigsten Pflanzenwuchs hervorrufen können.

Ist man geneigt anzunehmen, um die wunderbare Verteilung der Tropenbildungen in ihren alten Grabstätten zu erklären, daß langbehaarte, elephantenartige Tiere, jetzt von Eisschollen umschlossen, einst den nördlichen Klimaten ursprünglich eigen waren, und daß ähnliche, demselben Haupttypus zugehörige Bildungen, wie Löwen und Luchse, zugleich in ganz verschiedenen Klimaten leben konnten, so würde eine solche Erklärungsweise sich doch wohl nicht auf die Pflanzenprodukte ausdehnen lassen. Aus Gründen, welche die Physiologie der Gewächse entwickelt, können Palmen, Pisanggewächse und baumartige Monokotyledonen nicht die Beraubung ihrer Appendikular-Organe durch nordische Kälte ertragen; und in dem geognostischen Problem, das wir hier berühren, scheint es mir schwer, Pflanzen- und Tierbildungen voneinander zu trennen. Dieselbe Erklärungsart muß beide Bildungen umfassen.

Ich habe am Schluß dieser Abhandlung den Tatsachen, die in den verschiedensten Weltgegenden gesammelt worden sind, unsichere hypothetische Vermutungen angereiht. Die philosophische Naturkunde erhebt sich über die Bedürfnisse einer bloßen Naturbeschreibung. Sie besteht nicht in einer sterilen Anhäufung isolierter Tatsachen. Dem neugierig regsamen Geiste des Menschen sei es erlaubt, bisweilen aus der Gegenwart in das Dunkel der Vorzeit hinüberzuschweifen, zu ahnden, was noch nicht klar erkannt werden kann und sich so an den alten, unter vielerlei Formen wiederkehrenden Mythen der Geognosie zu ergötzen.

Die Lebenskraft oder der modische Genius

Eine Erzählung

Die Syrakuser hatten ihre Poikile[5] wie die Athener. Vorstellungen von Göttern und Heroen, griechische und italische Kunstwerke bekleideten die bunten Hallen des Portikus. Unablässig sah man das Volk dahin strömen: den jungen Krieger, um sich an den Taten der Ahnherren, den Künstler, um sich an dem Pinsel großer Meister zu weiden. Unter den zahllosen Gemälden, welche der emsige Fleiß der Syrakuser aus dem Mutterlande gesammelt hatte, war nur eines, das seit einem vollen Jahrhunderte die Aufmerksamkeit aller Vorübergehenden auf sich zog. Wenn es dem olympischen Jupiter, dem Städtegründer Kekrops, dem Heldenmut des Harmodius und Aristogiton an Bewunderern fehlte, so stand um jenes Bild das Volk in dichten Rotten gedrängt. Woher diese Vorliebe für dasselbe? War es ein gerettetes Werk des Apelles oder stammte es aus der Malerschule des Callimachus her? Nein, Anmut und Grazie strahlten zwar aus dem Bilde hervor, aber an Verschmelzung der Farben, an Charakter und Stil des Ganzen durfte es sich mit vielen andern in der Poikile nicht messen.

Das Volk staunt an und bewundert, was es nicht versteht, und diese Art des Volks begreift viele Klassen unter sich. Seit einem Jahrhundert war das Bild aufgestellt und unerachtet Syrakus in seinen engen Mauern mehr Kunstgenie umfaßte als das ganze übrige meerumflossene Sizilien, so blieb der Sinn desselben doch immer unenträtselt. Man wußte nicht einmal bestimmt, in welchem Tempel dasselbe ehemals gestanden habe. Denn es ward von einem gestrandeten Schiffe gerettet; und nur die Waren, welche dieses führte, ließen ahnden, daß es von Rhodus kam.

An dem Vorgrunde des Gemäldes sah man Jünglinge und Mädchen in eine dichte Gruppe zusammengedrängt. Sie waren ohne Gewand, wohlgebildet, aber nicht von dem schlanken Wuchse, den man in den Statuen des Praxiteles und Alkamenes bewundert. Der

---

[5] In der ποικίλη (στοά), der gemalten Halle an der Nordseite des Marktes zu Athen, befanden sich mehrere Wandgemälde, besonders des Polygnotos Darstellung der Schlacht bei Marathon.

stärkere Gliederbau, welcher Spuren mühevoller Anstrengungen trug, der menschliche Ausdruck ihrer Sehnsucht und ihres Kummers, alles schien sie des Himmlischen oder Götterähnlichen zu entkleiden und an ihre irdische Heimat zu fesseln. Ihr Haar war mit Laub und Feldblumen einfach geschmückt. Verlangend streckten sie die Arme gegeneinander aus; aber ihr ernstes, trübes Auge war nach einem Genius gerichtet, der, von lichtem Schimmer umgeben, in ihrer Mitte schwebte. Ein Schmetterling saß auf seiner Schulter, und in der Rechten hielt er eine lodernde Fackel empor. Sein Gliederbau war kindlich rund, sein Blick himmlisch lebhaft. Gebieterisch sah er auf die Jünglinge und Mädchen zu seinen Füßen herab. Mehr Charakteristisches war an dem Gemälde nicht zu unterscheiden. Nur am Fuße glaubten einige noch die Buchstaben ζ und ς zu bemerken, woraus man (denn die Antiquarier waren damals nicht minder kühn als jetzt) den Namen eines Künstlers Zenodorus, also gleichnamig mit dem späteren Koloßgießer, sehr unglücklich zusammensetzte.

Dem *modischen Genius*, so nannte man das rätselhafte Bild, fehlte es indes nicht an Auslegern in Syrakus. Kunstkenner, besonders die jüngsten, wenn sie von einer flüchtigen Reise nach Korinth oder Athen zurückkamen, hätten geglaubt alle Ansprüche auf Talent verleugnen zu müssen, wenn sie nicht sogleich mit einer neuen Erklärung hervorgetreten wären. Einige hielten den Genius für den Ausdruck geistiger Liebe, die den Genuß sinnlicher Freuden verbietet; andere glaubten, er solle die Herrschaft der Vernunft über die Begierden andeuten. Die Weiseren schwiegen, ahndeten etwas Erhabeneres und ergötzten sich in der Poikile an der einfachen Komposition der Gruppe.

So blieb die Sache immer unentschieden. Das Bild ward mit mannigfachen Zusätzen kopiert und nach Griechenland gesandt, ohne daß man auch nur über seinen Ursprung je einige Aufklärung erhielt. Als einst mit dem Frühaufgang der Plejaden die Schiffahrt ins Ägäische Meer wieder eröffnet ward, kamen Schiffe aus Rhodus in den Hafen von Syrakus. Sie enthielten einen Schatz von Statuen, Altären, Kandelabern und Gemälden, welche die Kunstliebe der Dionyse in Griechenland hatte sammeln lassen. Unter den Gemälden war eines, das man augenblicklich für ein Gegenstück zum modischen Genius erkannte. Es war von gleicher Größe und zeigte ein ähnliches Kolorit, nur waren die Farben besser erhalten. Der Genius stand ebenfalls in der Mitte, aber ohne Schmetterling, mit gesenktem Haupte, die erloschene Fackel zur Erde gekehrt. Der Kreis der Jünglinge und Mädchen stürzte in mannigfachen Umarmungen gleichsam über ihm zusammen; ihr Blick war nicht mehr trübe und gehorchend, sondern kündigte den Zustand wilder Entfesselung, die Befriedigung lang genährter Sehnsucht an.

Schon suchten die syrakusischen Altertumsforscher ihre vorigen Erklärungen vom modischen Genius umzumodeln, damit sie auch auf dieses Kunstwerk paßten, als der Tyrann Befehl gab, es in das Haus des Epicharmus zu tragen. Dieser Philosoph aus der Schule des Pythagoras wohnte in dem entlegenen Teile von Syrakus, den man Tyche nannte. Er besuchte selten den Hof der Dionyse: nicht, als hätten nicht ausgezeichnete Männer aus allen griechischen Pflanzstädten sich um ihn versammelt, sondern weil solche Fürstennähe auch den geistreichsten Männern von ihrem Geiste und ihrer Freiheit raubt. Er beschäftigte sich unablässig mit der Natur der Dinge und ihren Kräften, mit der Entstehung von Pflanzen und Tieren, mit den harmonischen Gesetzen, nach denen Weltkörper im großen und Schneeflocken und Hagelkörner im kleinen sich kugelförmig ballen. Da er überaus bejahrt war, so ließ er sich täglich in die Poikile und von da nach Nasos an den Hafen führen, wo ihm im weiten Meere, wie er sagte, sein Auge ein Bild des Unbegrenzten, Unendlichen gab, nach dem der Geist vergebens strebt. Er ward von dem niederen Volke und doch auch von dem Tyrannen geehrt. Diesem wich er aus, wie er jenem freudig und oft hülfreich entgegenkam.

Epicharmus lag jetzt entkräftet auf seinem Ruhebette, als der Befehl des Dionysius ihm das neue Kunstwerk sandte. Man hatte Sorge getragen, ihm eine treue Kopie des rhodischen Genius mitzuüberbringen, und der Philosoph ließ beide nebeneinander vor sich stellen. Sein Blick war lange auf sie geheftet, dann rief er seine Schüler zusammen und hub mit gerührter Stimme an:

»Reißt den Vorhang von dem Fenster hinweg, daß ich mich noch einmal weide an dem Anblick der reichbelebten lebendigen Erde! Sechzig Jahre lang habe ich über die inneren Triebräder der Natur, über den Unterschied der Stoffe gesonnen, und erst heute läßt der modische Genius mich klarer sehen, was ich sonst nur ahndete. Wenn der Unterschied der Geschlechter lebendige Wesen wohltätig und fruchtbar aneinanderkettet, so wird in der anorganischen Natur der rohe Stoff von gleichen Trieben bewegt. Schon im dunklen Chaos häufte sich die Materie und mied sich, je nachdem Freundschaft oder Feindschaft sie anzog oder abstieß. Das himmlische Feuer folgt den Metallen, der Magnet dem Eisen; das geriebene Electrum bewegt leichte Stoffe; Erde mischt sich zur Erde; das Kochsalz gerinnt aus dem Meere zusammen, und die saure Feuchte der Stypteria (στυπτηρία υργά) wie das wollige Haarsalz Trichitis lieben den Ton von Melos. Alles eilt in der unbelebten Natur, sich zu dem Seinen zu gesellen. Kein irdischer Stoff (wer wagt es, das Licht diesen beizuzählen?) ist daher irgendwo in Einfachheit und reinem, jungfräulichem Zustande zu finden. Alles strebt von seinem Entstehen an zu neuen Verbindungen; und nur die scheidende Kunst des Menschen kann ungepaart darstellen, was ihr vergebens im Inneren der Erde und in dem beweglichen Wasser- oder Luftozeane sucht. In der toten anorganischen Materie ist träge Ruhe, solange die Bande der Verwandtschaft nicht gelöst werden, solange ein dritter Stoff nicht eindringt, um sich den vorigen beizugesellen. Aber auch auf diese Störung folgt dann wieder unfruchtbare Ruhe.

Anders ist die Mischung derselben Stoffe im Tier- und Pflanzenkörper. Hier tritt die Lebenskraft gebieterisch in ihre Rechte ein; sie kümmert sich nicht um die demokritische Freundschaft und Feindschaft der Atome; sie vereinigt Stoffe, die in der unbelebten Natur sich ewig fliehen, und trennt, was in dieser sich unaufhaltsam sucht.

Tretet näher um mich her, meine Schüler, und erkennet im modischen Genius, in dem Ausdruck seiner jugendlichen Stärke, im Schmetterling auf seiner Schulter, im Herrscherblick seines Auges das Symbol der *Lebenskraft,* wie sie jeden Keim der organischen Schöpfung beseelt. Die irdischen Elemente zu seinen Füßen streben gleichsam ihrer eigenen Begierde zu folgen und sich miteinander zu mischen. Befehlend droht ihnen der Genius mit aufgehobener, hochlodernder Fackel und zwingt sie, ihrer alten Rechte uneingedenk, seinem Gesetze zu folgen.

Betrachtet nun das neue Kunstwerk, welches der Tyrann mir zur Auslegung gesandt; richtet eure Augen vom Bilde des Lebens ab auf das Bild des Todes. Aufwärts entschwebt ist der Schmetterling, ausgelodert die umgekehrte Fackel, gesenkt das Haupt des Jünglings. Der Geist ist in andere Sphären entwichen, die Lebenskraft erstorben. Nun reichen sich Jünglinge und Mädchen fröhlich die Hände. Nun treten die irdischen Stoffe in ihre Rechte ein. Der Fesseln entbunden, folgen sie wild nach langer Entbehrung ihren geselligen Trieben; der Tag des Todes wird ihnen ein bräutlicher Tag. – So ging die tote Materie, von Lebenskraft beseelt, durch eine zahllose Reihe von Geschlechtern, und derselbe Stoff umhüllte vielleicht den göttlichen Geist des Pythagoras, in welchem vormals ein dürftiger Wurm in augenblicklichem Genusse sich seines Daseins erfreute.

Geh, Polykles, und sage dem Tyrannen, was du gehört hast! Und ihr, meine Lieben, Euryphamos, Lysis und Skopas, tretet näher und näher zu mir! Ich fühle, daß die schwache Lebenskraft auch in mir den irdischen Stoff nicht lange mehr beherrschen wird. Er fordert seine Freiheit wieder. Führt mich noch einmal in die Poikile, und von da ans offene Gestade. Bald werdet ihr meine Asche sammeln!«

Das Hochland von Caxamarca, der alten Residenzstadt des Inka Atahualpa

Erster Anblick der Südsee von dem Rücken der Andeskette

Wenn man ein volles Jahr lang auf dem Rücken der Anti- oder Andeskette verweilt hat, zwischen 4° nördlicher und 4° südlicher Breite, in den Hochebenen von Neu-Granada, Pastos und Quito, also in den mittleren Höhen von acht- bis zwölftausend Fuß über der Meeresfläche, so freuet man sich, durch das mildere Klima der Chinawälder von Loxa allmählich in die Ebenen des Oberen Amazonenstromes – eine unbekannte Welt, reich an herrlichen Pflanzengestalten – herabzusteigen. Das Städtchen Loxa hat der wirksamsten aller Fieberrinden den Namen gegeben: Quina oder Cascarilla fina de Loxa. Sie ist das köstliche Erzeugnis des Baumes, welchen wir botanisch als Cinchona Condaminea beschrieben haben, während er vorher in der irrigen Voraussetzung, als käme alle China des Handels von einer und derselben Baumart, Cinchona officinalis genannt worden war. Erst gegen die Mitte des siebzehnten Jahrhunderts wurde die Fieberrinde nach Europa gebracht: entweder, wie Sebastian Badus behauptet, 1632 nach Alcala de Henares, oder 1640 nach Madrid bei der Ankunft der vom Wechselfieber in Lima geheilten Vizekönigin, Gräfin von Chinchon, begleitet von ihrem Leibarzt, Juan del Vego. Die vortrefflichste China von Loxa wächst 2 bis 3 Meilen südöstlich von der Stadt in den Bergen von Uritusinga, Villonaco und Rumisitana auf Glimmerschiefer und Gneiß in den mäßigen Höhen zwischen 5400 und 7200 Fuß: ohngefähr gleich den Höhen des Grimsel-Hospitals und des Großen-Bernhard-Passes. Die eigentlichen Grenzen der dortigen Chinagebüsche sind die Flüßchen Zamora und Cachiyacu.

Man fällt den Baum während der ersten Blütezeit, also im vierten oder siebenten Jahre, je nachdem er aus einem kräftigen Wurzelschößling oder aus Samen entstanden ist. Mit Erstaunen vernahmen wir, daß, zur Zeit meiner Reise, jährlich um Loxa auf königliche Rechnung nur 110 Zentner Fieberrinde von der Cinchona Condaminea durch die Chinasammler (Cascarilleros oder Chinajäger, Cazadores de Quina) eingebracht wurden. Nichts von diesem herrlichen Produkte kam damals in den Handel, sondern der ganze Vorrat wurde über den Südseehafen Payta um das Kap Horn nach Cadix für den Gebrauch des Hofes geschickt. Um diese geringe Zahl von 11 000 spanischen Pfunden abzuliefern, fällte man jährlich acht- bis neunhundert Chinabäume. Die älteren und dickeren Stämme werden immer seltener; aber die Üppigkeit des Wuchses ist so groß, daß die jüngeren jetzt benutzten bei kaum 6 Zoll Durchmesser oft schon 50 bis 60 Fuß Höhe erreichen. Der schöne Baum, mit 5 Zoll langen und 2 Zoll breiten Blättern geschmückt, strebt immer, wo er im wilden Dickicht steht, sich über die Nachbarbäume zu erheben. Das höhere Laub verbreitet, vom Winde schwankend bewegt, einen sonderbaren, in großer Ferne erkennbaren, rötlichen Schimmer. Die mittlere Temperatur in den Gebüschen von Cinchona Condaminea oszilliert zwischen 12½° und 15° Réaumur, das ist ohngefähr die mittlere Jahrestemperatur von Florenz und der Insel Madeira, doch ohne um Loxa je die Extreme der Hitze und Kälte zu erreichen, welche an diesen Orten der gemäßigten Zone beobachtet werden. Die Vergleichungen des Klimas in sehr verschiedenen Breitengraden mit dem Klima der Hochebenen der Tropenzone sind ihrer Natur nach wenig befriedigend.

Um von dem Gebirgsknoten von Loxa herab südsüdöstlich in das heiße Tal des Amazonenstromes zu gelangen, muß man die Paramos von Chulucanas, Guamani und Yamoca übersteigen: Gebirgseinöden, deren wir schon an anderen Orten gedacht haben und die man in den südlicheren Teilen der Andeskette mit dem Namen Puna (Wort der Qquechhuasprache) belegt. Die meisten von ihnen erheben sich über 9500 Fuß; sie sind stürmisch, oft tagelang in dichten Nebel gehüllt, oder von furchtbaren Hagelwettern heimgesucht, aus denen das Wasser nicht bloß zu vielgestalteten, meist durch Rotation abgeplatteten Körnern, sondern auch zu einzeln schwebenden dünnen, Gesicht und Hände verletzenden Platten (papacara) zusammengerinnt. Während dieser meteorischen Prozesse habe ich bisweilen das Thermometer bis 7° oder 5° (über dem Gefrierpunkt) herabsinken und die elektrische Spannung des Luftkreises, am Voltaschen Elektrometer gemessen, in wenigen Minuten vom Positiven zum Negativen übergehen sehen. Unter 5° fällt Schnee in großen, weit voneinander entfernten Flocken. Er verschwindet nach wenigen Stunden. Der baumlosen Vegetation der

Paramos geben die sparrige Verzweigung kleinblättriger, myrtenartiger Gesträuche, die Größe und Fülle der Blüten, die ewige Frische aller von feuchter Luft getränkten Organe einen eigentümlichen physiognomischen Charakter. Keine Zone der Alpenvegetation in dem gemäßigten oder kalten Erdstriche läßt sich mit der der Paramos in der tropischen Andeskette vergleichen.

Der ernste Eindruck, welchen die Wildnisse der Kordilleren hervorrufen, wird auf eine merkwürdige und unerwartete Weise dadurch vermehrt, daß gerade noch in ihnen bewundernswürdige Reste von der Kunststraße der Inkas, von dem Riesenwerke sich erhalten haben, durch welches auf einer Länge von mehr als 250 geographischen Meilen alle Provinzen des Reichs in Verbindung gesetzt waren. Stellenweise, meist in gleichen Entfernungen, finden sich aus wohlbehauenen Quadersteinen aufgeführte Wohnhäuser, eine Art Karawansereis, Tambos, auch Inca-Pilca (von pircca, die Wand?) genannt. Einige sind festungsartig umgeben, andere zu Bädern mit Zuleitung von warmem Wasser eingerichtet, die größeren für die Familie des Herrschers selbst bestimmt. Ich hatte bereits am Fuß des Vulkans Cotopaxi bei Callo solche wohlerhaltenen Gebäude (Pedro de Cieça nannte sie im 16. Jahrhundert Aposentos de Mulalo) mit Sorgfalt gemessen und gezeichnet. Auf dem Andespaß zwischen Alausi und Loxa, den man den Paramo del Assuay nennt (14568 Fuß über dem Meere, also ein viel besuchter Weg über die Ladera de Cadlud fast in der Höhe des Montblanc), hatten wir in der Hochebene del Pullal große Mühe, unsere schwer belasteten Maultiere durch den sumpfigen Boden durchzuführen, während neben uns in einer Strecke von mehr als einer deutschen Meile unsere Augen ununterbrochen auf die großartigen Reste der 20 Fuß breiten Inkastraße geheftet waren. Es hatte dieselbe einen tiefen Unterbau und war mit wohlbehauenem, schwarzbraunem Trapp-Porphyr gepflastert. Was ich von römischen Kunststraßen in Italien, dem südlichen Frankreich und Spanien gesehen, war nicht imposanter als diese Werke der alten Peruaner; dazu finden sich letztere nach meinen Barometermessungen in der Höhe von 12440 Fuß. Diese Höhe übersteigt demnach den Gipfel des Pic von Teneriffa um mehr als tausend Fuß. Ebenso hoch liegen am Assuay die Trümmer des sogenannten Palastes des Inka Tupac Yupanqui, welche unter dem Namen der Paredones del Inca bekannt sind. Von ihnen führt südlich gegen Cuenca hin die Kunststraße nach der kleinen, aber wohlerhaltenen Festung des *Cañar*, wahrscheinlich aus derselben Zeit des Tupac Yupanqui oder seines kriegerischen Sohnes Huayna Capac.

Noch herrlichere Trümmer der altperuanischen Kunststraßen haben wir auf dem Wege zwischen Loxa und dem Amazonenstrome bei den Bädern der Inkas auf dem Paramo de Chulucanas unfern Guancabamba und um Ingatambo bei Pomahuaca gesehen. Von diesen Trümmern liegen die letzteren so wenig hoch, daß ich den Niveauunterschied zwischen der Inkastraße bei Pomahuaca und der Inkastraße des Paramo del Assuay größer als 9 100 Fuß gefunden habe. Die Entfernung beträgt in gerader Linie nach astronomischen Breiten genau 46 geographische Meilen, und das Ansteigen der Straße ist 3 500 Fuß mehr als die Höhe des Passes vom Mont Cenis über den Comer See. Von den zwei Systemen gepflasterter, mit platten Steinen belegter, bisweilen sogar mit zementierten Kieseln überzogener *(makadamisierter)* Kunststraßen gingen die einen durch die weite und dürre Ebene zwischen dem Meeresufer und der Andeskette, die anderen auf dem Rücken der Kordilleren selbst. Meilensteine gaben oft die Entfernungen in gleichen Abständen an. Brücken dreierlei Art, steinerne, hölzerne oder Seilbrücken (Puentes de Hamaca oder de Maroma), führten über Bäche und Abgründe, Wasserleitungen zu den Tambos (Hotellerien) und festen Burgen. Beide Systeme von Kunststraßen waren nach dem Zentralpunkte Cuzco, dem Sitz des großen Reiches (Br. 13° 31' südl.), gerichtet; die Höhe dieser Hauptstadt ist nach Pentlands Karte von Bolivia 10 676 Fuß (Pariser Maßes) über dem Meeresspiegel. Da die Peruaner sich keines Fuhrwerkes bedienten, die Kunststraßen nur für Truppenmarsch, Lastträger und Scharen leicht bepackter Lamas bestimmt waren, so findet man sie, bei der großen Steilheit des Gebirges, hier und da durch lange Reihen von Stufen unterbrochen, auf denen Ruheplätze angebracht sind. Francisco Pizarro und Diego Almagro, die sich mit so vielem Vorteil auf ihren weiten Heerzügen der Militärstraßen der Inkas bedienten, fanden für die spanische Reiterei eine besondere Schwierigkeit da, wo Stufen und Treppen die Kunststraße unterbrachen. Das Hindernis war um so größer, als die Spanier sich im Anfang der Konquista bloß der Pferde, nicht der bedächtigen, im Gebirge jeden Fußtritt gleichsam überdenkenden

Maultiere bedienten. Erst später kam der Gebrauch der Maultiere in der Reiterei auf.

Sarmiento, der die Inkastraßen noch in ihrer ganzen Erhaltung sah, fragt sich in einer *Relacion*, die lange in der Bibliothek des Escorial unbenutzt vergraben lag: »wie ein Volk ohne Gebrauch des Eisens in hohen Felsgegenden so prachtvolle Werke (caminos tan grandes y tan sovervios), von Cuzco nach Quito und von Cuzco nach der Küste von Chili, habe vollenden können?« »Kaiser Karl«, setzt er hinzu, »würde mit aller seiner Macht nicht einen Teil dessen schaffen, was das wohleingerichtete Regiment der Inkas über die gehorchenden Volksstämme vermochte.« Hernando Pizarro, der gebildetste der drei Brüder, welcher für seine Untaten in zwanzigjähriger Gefangenschaft zu Medina del Campo büßte und hundertjährig starb im Geruch der Heiligkeit (en olor de Santidad), ruft aus: »in der ganzen Christenheit sind so herrliche Wege nirgends zu sehen als die, welche wir hier bewundern.« Die beiden wichtigen Residenzstädte der Inkas, Cuzco und Quito, sind in gerader Linie (SSO – NNW), ohne die vielen Krümmungen des Weges in Anschlag zu bringen, 225 geografische Meilen voneinander entfernt; mit den Krümmungen rechnen Garcilaso de la Vega und andere Konquistadores 500 leguas. Trotz dieser Länge des Weges ließ Huayna Capac, dessen Vater Quito erobert hatte, nach dem sehr vollgültigen Zeugnis des Lizentiaten Polo de Ondegardo, für die fürstlichen Bauten (Inkawohnungen) in Quito gewisse Baumaterialien aus Cuzco kommen. Ich habe selbst noch an dem ersteren Orte diese Sage unter den Eingebornen verbreitet gefunden.

Wo durch Gestaltung des Bodens die Natur dem Menschen großartige Hindernisse zu überwinden darbietet, wächst bei unternehmenden Volksstämmen mit dem Mut auch die Kraft. Unter dem despotischen Zentralisationssysteme der Inkaherrschaft waren Sicherheit und Schnelligkeit der Kommunikation, besonders der *Truppenbewegung*, ein wichtiges Regierungsbedürfnis. Daher die Anlage von Kunststraßen und von sehr vervollkommneten Posteinrichtungen. Bei Völkern, welche auf den verschiedensten Stufen der Bildung stehn, sieht man die Nationaltätigkeit sich mit besonderer Vorliebe in einzelnen Richtungen bewegen; aber die auffallende Entwickelung solcher vereinzelten Tätigkeiten entscheidet keineswegs über den ganzen Kulturzustand. Ägypter, Griechen, Etrusker und Römer, Chinesen, Japaner und Inder zeigen uns diese Kontraste. Welche Zeit erforderlich gewesen ist, um die peruanischen Kunststraßen zu schaffen, ist schwer zu entscheiden. Die großen Werke im nördlichen Teile des Inkareichs auf dem Hochlande von Quito müssen allerdings in weniger als 30 oder 35 Jahren vollendet worden sein: in der kurzen Epoche, welche zwischen die Besiegung des Herrschers von Quitu und den Tod des Inka Huayna Capac fällt, während über das Alter der südlichen, eigentlich peruanischen Kunststraßen ein tiefes Dunkel herrscht.

Man setzt gewöhnlich die geheimnisvolle Erscheinung von Manco Capac 400 Jahre vor der Landung von Francisco Pizarro auf der Insel Puná (1532), also gegen die Mitte des 12. Jahrhunderts, fast 200 Jahre vor der Gründung der Stadt Mexiko (Tenochtitlan); einige spanische Schriftsteller zählen statt 400 gar 500 bis 550 Jahre. Aber die Reichsgeschichte von Peru kennt nur 13 regierende Fürsten aus der Inkadynastie, welche, wie Prescott sehr richtig bemerkt, nicht eine lange Periode von 400 oder 550 Jahren ausfüllen können. Quetzalcoatl, Botschica und Manco Capac sind die drei mythischen Gestalten, an welche sich die Anfänge der Kultur unter den Azteken, Muyscas (eigentlicher Chibchas) und Peruanern knüpfen. Quetzalcoatl, bärtig, schwarz gekleidet, Großpriester von Tula, später ein Büßender auf einem Berge bei Tlaxapuchicalco, kommt von der Küste von Panuco, also von der östlichen Küste von Anahuac, auf das mexikanische Hochland. Botschica, oder vielmehr der bärtige, lang gekleidete *Gottesbote* Nemterequeteba (ein Buddha der Muyscas), gelangt aus den Grassteppen *östlich* von der Andeskette auf die Hochebene von Bogota. Vor Manco Capac herrschte schon Kultur an dem malerischen Gestade des Sees von Titicaca. Die feste Burg von Cuzco auf dem Hügel Sacsahuaman war den älteren Gebäuden von Tiahuanaco nachgebildet. Ebenso ahmten die Azteken den Pyramidenbau der Tolteken, diese den der Olmeken (Hulmeken) nach, und allmählich aufsteigend, gelangt man auf historischem Boden in Mexiko bis in das 6. Jahrhundert unserer Zeitrechnung. Die toltekische Treppenpyramide von Cholula soll nach Siguenza die Form der hulmekischen Treppenpyramide von Teotihuacan wiederholen. So dringt man durch jegliche Zivilisationsschicht immer in eine frühere ein, und da das Bewußtsein der Völker in beiden Kontinenten ungleichzeitig erwacht ist, liegt das phantastische Reich der Mythen bei jeglichem Volke immer unmittelbar vor dem historischen Wissen.

Trotz der großen Bewunderung, welche die ersten Konquistadores den *Kunststraßen* und *Wasserleitungen* der Peruaner gezollt haben, sind die einen und die anderen nicht bloß nicht unterhalten, sondern mutwillig zerstört worden; schneller noch, Unfruchtbarkeit durch Wassermangel erzeugend, in dem Litoral, um schön behauene Steine zu neuen Bauen anzuwenden, als auf dem Rücken der Andeskette oder in den tiefen spaltartigen Gebirgstälern, von welchen diese Kette durchschnitten wird. Wir waren gezwungen, in den langen Tagereisen von den Syenitfelsen von Zaulaca bis zu dem versteinerungsreichen Tale von San Felipe (am Fuß des eisigen Paramo de Yamoca) den Rio de Guancabamba, welcher sich in den Amazonenstrom ergießt, wegen seiner vielen Krümmungen 27mal zu durchwaten: während wir hier abermals an einer uns nahen, steilen Felswand immerfort die Reste der hochaufgemauerten, geradlinigen Kunststraße der Inkas mit ihren Tambos sahen. Der kleine kaum 120 bis 140 Fuß breite Gießbach war so reißend, daß unsere schwer beladenen Maultiere oft Gefahr liefen, in der Furt fortgerissen zu werden. Sie trugen unsre Manuskripte, unsre getrockneten Pflanzen, alles, was wir seit einem Jahre gesammelt hatten. Man harret dann am jenseitigen Ufer mit unbehaglicher Spannung, bis der lange Zug von 18 bis 20 Lasttieren der Gefahr entgangen ist.

Derselbe Rio de Guancabamba wird in seinem unteren Laufe, da wo er viele Wasserfälle hat, auf eine recht sonderbare Weise zur Korrespondenz mit der Südseeküste benutzt. Um die wenigen Briefe, welche von Truxillo aus für die Provinz Jaen de Bracamoros bestimmt sind, schneller zu befördern, bedient man sich eines *schwimmenden Postboten*. Man nennt ihn im Lande el correo que nada. In zwei Tagen schwimmt der Postbote (gewöhnlich ein junger Indianer) von Pomahuaca bis Tomependa, erst auf dem Rio de Chamaya (so heißt der untere Teil des Rio de Guancabamba) und dann auf dem Amazonenstrome. Er legt die wenigen Briefe, die ihm anvertraut werden, sorgfältig in ein weites baumwollenes Tuch, das er turbanartig sich um den Kopf wickelt. Bei den Wasserfällen verläßt er den Fluß und umgeht sie durch das nahe Gebüsch. Damit er von dem langen Schwimmen weniger ermüde, umfaßt er oft mit einem Arm einen Bolzen von leichtem Holze (Ceiba, Palo de balsa) aus der Familie der Bombazeen. Auch wird der Schwimmende bisweilen von einem Freunde als Gesellschafter begleitet. Für den Proviant brauchen beide nicht zu sorgen, da sie in den zerstreuten, reichlich mit Fruchtbäumen umgebenen Hütten der schönen Huertas de Pucara und Cavico überall gastliche Aufnahme finden.

Der Fluß ist glücklicherweise frei von Krokodilen; sie werden auch in dem oberen Laufe des Amazonenstroms erst unterhalb der Katarakte von Mayasi angetroffen. Das träge Untier liebt die ruhigeren Wasser. Nach meiner Messung hat der Rio de Chamaya von der Furt (Paso) de Pucara bis zu seiner Einmündung in den Amazonenstrom unter dem Dorfe Choros, in der kleinen Entfernung von 13 geographischen Meilen, nicht weniger als 1668 Fuß Gefälle. Der Gouverneur der Provinz Jaen de Bracamoros hat mich versichert, daß auf dieser sonderbaren Wasserpost selten Briefe benetzt oder verloren werden. Ich habe in der Tat selbst bald nach meiner Rückkunft aus Mexiko in Paris auf dem eben beschriebenen Wege Briefe aus Tomependa erhalten. Viele wilde Indianerstämme, die an den Ufern des Oberen Amazonenflusses wohnen, machen ihre Reisen auf ähnliche Weise, gesellig stromabwärts schwimmend. Ich hatte Gelegenheit so 30 bis 40 Köpfe (Männer, Weiber und Kinder) aus dem Stamme der Xibaros im Flußbette bei ihrer Ankunft in Tomependa zu sehen. Der Correo que nada kehrt zu Lande zurück auf dem beschwerlichen Wege des Paramo del Paredon.

Wenn man sich dem heißen Klima des Amazonenbeckens nähert, wird man durch eine anmutige, zum Teil sehr üppige Vegetation erfreut. Schönere Zitrusbäume, meist Apfelsinen (Citrus Aurantium Risso), in geringerer Zahl bittere Pomeranzen (C. vulgaris Risso), hatten wir nie vorher, selbst nicht auf den Kanarischen Inseln oder in dem heißen Litoral von Cumana und Caracas, gesehen als in den Huertas de Pucara. Mit vielen tausend goldenen Früchten beladen, erreichen sie dort eine Höhe von 60 Fuß. Sie hatten, statt der abgerundeten Krone, fast lorbeerartig anstrebende Zweige. Unweit davon, gegen die Fort von Cavico hin, wurden wir durch einen sehr unerwarteten Anblick überrascht. Wir sahen ein Gebüsch von kleinen, kaum 18 Fuß hohen Bäumen, scheinbar nicht mit grünen, sondern mit ganz rosenroten Blättern. Es war eine neue Spezies des Geschlechts Bougainvillea, das Jussieu der Vater zuerst nach einem brasilianischen Exemplare des Commersonschen Herbariums bestimmt hatte. Die Bäume waren fast ganz ohne wirkliche Blätter; was wir für diese in der Ferne gehalten, waren dichtgedrängte, hell rosenrote *Brakteen* (Blüten- oder Deckblätter). Der Anblick war an Reinheit und Frische der Färbung ganz verschieden von dem, welchen mehrere unserer Waldbäume im Herbst so anmutig darbieten. Aus der südafrikanischen Familie der Proteazeen steigt hier von den kalten Höhen des Paramo de Yamoca in die heiße Ebene von Chamaya eine einzige Art herab, Rhopala ferruginea. Die feingefiederte Porlieria hygrometrica (aus den Zygophylleen), welche durch

Schließen der Blättchen eine baldige Wetterveränderung, besonders den nahen Regen, mehr als alle Mimosazeen verkündigt, haben wir hier oft aufgefunden. Sie hat uns selten getäuscht.

In Chamaya fanden wir Flöße (balsas) in Bereitschaft, die uns bis Tomependa führen sollten, um dort (was für die Geographie von Südamerika wegen einer alten Beobachtung von La Condamine von einiger Wichtigkeit war) den Längen-Unterschied zwischen Quito und der Mündung des Chinchipe zu bestimmen. Wir schliefen wie gewöhnlich unter freiem Himmel an dem Sandufer (Playa de Guayanchi), am Zusammenfluß des Rio de Chamaya mit dem Amazonenstrome. Am nächsten Tage schifften wir diesen herab bis an die Katarakte und Stromenge (Pongo; in der Qquechhua-Sprache puncu, Tür oder Tor) von Rentema, wo Felsen von grobkörnigem Sandstein (Konglomerat) sich turmartig erheben und einen Felsdamm durch den Strom bilden. Ich maß eine Standlinie am flachen und sandigen Ufer und fand bei Tomependa den weiter östlich so mächtigen Amazonenfluß nur etwas über 1300 Fuß breit. In der berühmten Stromenge des Pongo von Manseritsche zwischen Santiago und San Borja, einer Gebirgsspalte, die an einigen Punkten wegen der überhangenden Felsen und des Laubdachs nur schwach erleuchtet ist und in der alles Treibholz, eine Unzahl von Baumstämmen zerschellt und verschwindet, ist die Breite nur 150 Fuß. Die Felsen, welche alle jene Pongos bilden, sind im Lauf der Jahrhunderte vielen Veränderungen unterworfen. So war der Pongo de Rentema, dessen ich oben erwähnte, durch hohe Flut ein Jahr vor meiner Reise teilweise zertrümmert worden; ja unter den Anwohnern des Amazonenflusses hat sich durch Tradition eine lebhafte Erinnerung von dem Einsturz der damals sehr hohen Felsmassen des ganzen Pongo im Anfange des 18. Jahrhunderts erhalten. Der Lauf des Flusses wurde durch jenen Einsturz und die dadurch erfolgte Abdämmung plötzlich gehemmt, und in dem unterhalb des Pongo de Rentema liegenden Dorfe Puyaya sahen die Einwohner mit Schrecken das weite Flußbette wasserleer. Nach wenigen Stunden brach der Strom wieder durch. Man glaubt nicht, daß Erdstöße die Ursach dieser merkwürdigen Erscheinung gewesen sind. Im ganzen arbeitet der gewaltige Strom unablässig, sein Bette zu verbessern, und von der Kraft, welche er auszuüben vermag, kann man sich schon dadurch eine Vorstellung machen, daß man ihn, trotz seiner Breite, bisweilen in 20 bis 30 Stunden über 25 Fuß anschwellen sieht.

Wir blieben 17 Tage in dem heißen Tale des Oberen Marañon oder Amazonenflusses. Um aus diesem an die Küste der Südsee zu gelangen, erklimmt man die Andeskette da, wo sie nach meinen magnetischen Inklinationsbeobachtungen zwischen Micuipampa und Caxamarca (Br. 6° 57' südl., Länge 80° 56') von dem *magnetischen* Äquator durchschnitten wird. Man erreicht, noch mehr ansteigend, die berühmten Silbergruben von Chota und beginnt von da an über das alte Caxamarca, wo vor jetzt 316 Jahren das blutigste Drama der spanischen Konquista spielte, über Aroma und Gangamarca mit einiger Unterbrechung in die peruanische Niederung herabzusteigen. Die größten Höhen sind hier, wie fast überall in der Andeskette und in den mexikanischen Gebirgen, durch turmartige Ausbrüche von Porphyr und Trachyt malerisch bezeichnet, die ersteren vorzugsweise in mächtige Säulen gespalten. Solche Massen geben teilweise dem Gebirgsrücken ein bald klippenartiges, bald domförmiges Ansehen. Sie haben hier eine Kalksteinformation durchbrochen, welche diesseits und jenseits des Äquators im Neuen Kontinent eine ungeheure Ausdehnung gewinnt und nach Leopolds von Buch großartigen Untersuchungen zur Kreideformation gehört. Zwischen Guambos und Montan, zwölftausend Fuß über dem Meere, fanden wir pelagische Muschelversteinerungen (Ammoniten von 14 Zoll Durchmesser, dem großen Pecten alatus, Austerschalen, Seeigel, Isocardien und Exogyra polygona). Eine Cidaris-Art, nach Leopold von Buch nicht zu unterscheiden von einer, die Brongniart in der alten Kreide bei der Perte du Rhône gefunden, haben wir zugleich bei Tomependa im Becken des Amazonenflusses und bei Micuipampa, in einem Höhen-Unterschiede von nicht weniger als 9900 Fuß, gesammelt. Ebenso erhebt sich in der Amuichschen Kette des kaukasischen Dagestan die Kreide von den Ufern des Sulak, kaum 500 Fuß über dem Meere, bis auf den Tschunum, auf volle 9000 Fuß Höhe, während auf dem 13090 Fuß hohen Gipfel des Schagdagh sich Ostrea diluviana Goldf. und dieselben Kreideschichten wiederfinden. Abichs treffliche kaukasische Beobachtungen bestätigen demnach auf das glänzendste Leopolds von Buch geognostische Ansichten über die alpinische Verbreitung der Kreide.

Von dem einsamen, mit Lamaherden umgebenen Meierhofe Montan stiegen wir weiter nach Süden an dem östlichen Abhange der Kordillere hinan, und gelangten in eine Hochebene, in welcher uns der Silberberg Gualgayoc, der Hauptsitz der weitberufenen Gruben von Chota, bei einbrechender Nacht einen wunderbaren Anblick gewährte. Der Cerro de Gualgayoc, durch ein tiefes, kluftartiges Tal (quebrada) vom Kalkberge Cormolatsche getrennt, ist eine isolierte Hornsteinklippe, von zahllosen, oft zusammenscharenden Silbergängen durchsetzt, gegen Norden und Westen tief, fast senkrecht, abgestürzt. Die höchsten Gruben liegen 1445 Fuß über der Sohle des Stollens, Socabon de Espinachi. Der Umriß des Berges ist durch unzählige turm- und pyramidenähnliche Spitzen und Zacken unterbrochen. Auch führt sein Gipfel den Namen Las Puntas. Diese Lagerstätte kontrastiert auf das entschiedenste mit dem »sanften Äußeren«, das der Bergmann im allgemeinen den metallreichen Gegenden zuzuschreiben pflegt. »Unser Berg«, sagte ein reicher Grubenbesitzer, mit dem wir *anfuhren*, »steht da, als wäre er ein Zauberschloß, como si fuese un Castillo encantado.« Der Gualgayoc erinnert einigermaßen an einen Dolomitkegel, noch mehr aber an den gespaltenen Bergrücken des Monserrate in Katalonien, den ich ebenfalls besucht und den später mein Bruder so anmutig beschrieben hat. Der Silberberg Gualgayoc ist nicht bloß bis zu seiner größten Höhe von vielen hundert, nach allen Seiten angesetzten Stollen durchlöchert, selbst die Masse des kieselartigen Gesteins bietet natürliche Spaltöffnungen dar, durch welche das in dieser Gebirgshöhe sehr dunkelblaue Himmelsgewölbe dem am Fuß des Berges stehenden Beobachter sichtbar wird. Das Volk nennt diese Öffnungen *Fenster*, las ventanillas de Gualgayoc; an den Trachytmauern des Vulkans von Pichincha zeigte man uns ähnliche Fenster unter gleicher Benennung als ventanillas de Pichincha. Die Sonderbarkeit eines solchen Anblicks wird noch durch viele kleine Stollhäuser und Menschenwohnungen vermehrt, die an dem Abhange des festungsartigen Berges da nesterartig hangen, wo eine kleine Bodenfläche es irgend erlaubt hat. Die Bergleute tragen die Erze auf steilen, gefährlichen Fußpfaden in Körben zu den Amalgamationsplätzen herab.

Der Wert des Silbers, welches die Gruben in den ersten 30 Jahren geliefert haben (von 1771 bis 1802), beträgt wahrscheinlich weit über 32 Millionen Piaster. Trotz der Festigkeit des quarzigen Gesteins haben die Peruaner schon vor der Ankunft der Spanier (wie alte Stollen und *Abteufen* erweisen) am Cerro de la Lin und am Chupiquiyacu auf reichen silberhaltigen Bleiglanz, und im Curimayo (wo auch natürlicher Schwefel in Quarzgestein wie im brasilianischen Itacolumit gefunden wird) auf Gold gearbeitet. Wir bewohnten, den Gruben nahe, die kleine Bergstadt Micuipampa, welche 11 140 Fuß hoch über dem Meere liegt und wo, wenngleich nur 6° 43' vom Äquator entfernt, in jeder Wohnung einen großen Teil des Jahres hindurch das Wasser nächtlich gefriert. In dieser vegetationslosen Einöde leben drei- bis viertausend Menschen, denen alle Lebensmittel aus den warmen Tälern zugeführt werden, da sie selbst nur Kohlarten und vortrefflichen Salat erzielen. Wie in jeder peruanischen Bergstadt, treibt Langeweile in diesen hohen Einöden die reichere und deshalb nicht gebildetere Menschenklasse zu sehr gefahrvollem Karten- und Würfelspiel. Schnell gewonnener Reichtum wird noch schneller eingebüßt. Alles erinnert hier an den Kriegsmann aus Pizarros Heere, der nach der Tempelplünderung in Cuzco klagte, in einer Nacht »ein großes Stück von der Sonne« (ein Goldblech) im Spiel verloren zu haben. Das Thermometer zeigte mir in Micuipampa, um 8 Uhr Morgens erst 1°, um Mittag 7° Réaumur. Zwischen dem dünnen Ichhu-Grase (vielleicht unsere Stipa eriostachya) fanden wir eine schöne Calceolaria (C. sibthorpioides), die wir nicht auf solcher Berghöhe erwartet hätten.

Nahe bei der Bergstadt Micuipampa, in einer Hochebene, die man Llanos oder Pampa de Navar nennt, hat man in einer Ausdehnung von mehr als ¼ Quadratmeile unmittelbar unter dem Rasen, wie mit den Wurzeln des Alpengrases verwachsen, in nur 3 bis 4 Lachter Tiefe, ungeheure Massen von reichem Rotgüldenerz und drahtförmigem Gediegen-Silher (in remolinos, clavos und vetas manteadas) gewonnen. Eine andre Hochebene, westlich vom Purgatorio, nahe an der Quebrada de Chiquera, heißt Choropampa, das *Muschelfeld* (churu in der Qquechhua-Sprache: Muscheln, besonders kleine eßbare Muscheln, hostion, mexillon). Der Name deutet auf Versteinerungen der Kreideformation, welche sich dort in solcher

Menge finden, daß sie früh die Aufmerksamkeit der Eingeborenen auf sich gezogen haben. Dort ist gewonnen worden nahe an der Oberfläche der Erde ein Schatz von Gediegen-Gold, mit Silberfäden reichlichst umsponnen. Ein solches Vorkommen bezeugt die Unabhängigkeit vieler aus dem Inneren der Erde auf Spalten und Gängen *ausgebrochener* Erze von der Natur des Nebengesteins, von dem relativen Alter der durchbrochenen Formationen. Das Gestein im Cerro de Gualgayoc und in Fuentestiana ist sehr wasserreich, aber in dem Purgatorio herrscht eine absolute Trockenheit. Dort fand ich zu meinem Erstaunen, trotz der Höhe der Erdschichten über dem Meere, die Grubentemperatur 15,8° Réaum., während in der nahen Mina de Guadalupe die Grubenwasser gegen 9° zeigten. Da im Freien das Thermometer nur bis 4½° stieg, so wird von dem nackt und schwer arbeitenden Grubenvolke die unterirdische Wärme im Purgatorio erstickend genannt.

Der enge Weg von Micuipampa nach der alten Inkastadt *Caxamarca* ist selbst für die Maultiere schwierig. Der Name der Stadt war ursprünglich Cassamarca oder Kazamarca, d. i. die *Froststadt*; marca in der Bedeutung einer *Ortschaft* gehört dem nördlichen Dialekt, Chinchaysuyo oder Chinchasuyu, an, während das Wort in der allgemeinen Qquechhuasprache: Stockwerk des Hauses, auch Schützer und Bürge bedeutet. Der Weg führte uns fünf bis sechs Stunden lang durch eine Reihe von Paramos, in denen man fast ununterbrochen der Wut der Stürme und jenem scharfkantigen Hagel, welcher dem Rücken der Andes so eigentümlich ist, ausgesetzt bleibt. Die Höhe des Weges erhält sich meist zwischen neun- und zehntausend Fuß. Es hat mir derselbe zu einer magnetischen Beobachtung von allgemeinem Interesse Veranlassung gegeben: zu der Bestimmung des Punktes, wo die Nord-Inklination der Nadel in die Süd-Inklination übergeht, wo also der magnetische Äquator von dem Reisenden durchschnitten wird.

Wenn man endlich die letzte jener *Bergwildnisse*, den Paramo de Yanaguanga, erreicht hat, so blickt man um so freudiger in das fruchtbare Tal von Caxamarca hinab. Es ist ein reizender Anblick; denn das Tal, von einem Flüßchen durchschlängelt, bildet eine Hochebene von ovaler Form und 6 bis 7 Quadratmeilen Flächeninhalt. Es ist diese Hochebene der von Bogota ähnlich und wahrscheinlich wie sie ebenfalls ein alter Seeboden. Es fehlt hier nur die

Mythe des Wundermannes Botschica oder Idacanzas, des Hohenpriesters von Iraca, welcher den Wassern am Tequendama durch die Felsen einen Weg öffnete. Caxamarca liegt 600 Fuß höher als Santa Fé de Bogota und daher fast so hoch als die Stadt Quito, hat aber, durch Berge rund umher geschützt, ein weit milderes und angenehmeres Klima. Der Boden ist von der herrlichsten Fruchtbarkeit, voll Ackerfeld und Gartenbau, mit Alleen von Weiden, von großblütigen roten, weißen und gelben Datura-Abarten, von Mimosen und den schönen Quinuarbäumen (unserer Polylepis villosa, einer Rosazee neben Alchemilla und Sanguisorba) durchzogen. Der Weizen gibt in der Pampa de Caxamarca im Mittel das 15. bis 20. Korn; doch vereiteln bisweilen Nachtfröste, welche die Wärmestrahlung gegen den heiteren Himmel in den dünnen und trocknen Schichten der Bergluft verursacht und welche in den bedachten Wohnungen nicht bemerkbar sind, die Hoffnung reicher Ernten.

Kleine Porphyrkuppen (wahrscheinlich einst Inseln im alten, noch unabgelaufenen See) erheben sich in dem nördlichen Teile der Ebene und durchbrechen weit verbreitete Sandsteinflöze. Wir genossen auf dem Gipfel einer dieser Porphyrkuppen, auf dem Cerro de Santa Polonia, eine anmutige Aussicht. Die alte Residenz des Atahualpa ist von dieser Seite mit Fruchtgärten und wiesenartig bewässerten Luzernfeldern (Medicago sativa, campos de alfalfa) umgeben. In der Ferne sieht man die Rauchsäulen der warmen Bäder von Pultamarca aufsteigen, die noch heute den Namen baños del Inca führen. Ich habe die Temperatur dieser Schwefelquellen 55,2° Réaumur gefunden. Atahualpa brachte einen Teil des Jahres in den Bädern zu, wo noch schwache Reste seines Palastes der Zerstörungswut der Konquistadores widerstanden haben. Das große und tiefe Wasserbecken (el tragadero), in welchem der Tradition nach einer der goldenen Tragsessel soll versenkt und immer vergebens gesucht worden sein, schien mir, seiner regelmäßigen runden Form wegen, künstlich über einer der Quellenklüfte im Sandstein ausgehauen.

Von der Burg und dem Palaste des Atahualpa sind ebenfalls nur schwache Reste in der mit schönen Kirchen geschmückten Stadt übriggeblieben. Die Wut, in der man, von Golddurst getrieben, schon vor dem Ende des 16. Jahrhunderts, um nach tief liegenden Schätzen zu graben, Mauern umstürzte und die Fundamente aller

Wohnungen unvorsichtig schwächte, hat die Zerstörung beschleunigt. Der Palast des Inka lag auf einem Porphyrhügel, welcher ursprünglich an der Oberfläche (d. i. am *Ausgehenden* der Gesteinschichten) dermaßen behauen und ausgehöhlt worden war, daß er die Hauptwohnung fast mauerartig umzingelt. Ein Stadtgefängnis und das Gemeindehaus (la Casa del Cabildo) sind auf einem Teil der Trümmer aufgeführt. Diese Trümmer sind am ansehnlichsten noch, aber doch nur 13 bis 15 Fuß hoch, dem Kloster des heil. Franziskus gegenüber; sie bestehen, wie man in der Wohnung des Caciquen beobachten kann, aus schön behauenen Quadersteinen von 2 bis 3 Fuß Länge, ohne Zement aufeinander gelegt, ganz wie an der Inca-Pilca oder festen Burg des Cañar im Hochlande von Quito.

In dem Porphyrfelsen ist ein Schacht abgeteuft, der einst in unterirdische Gemächer und in eine Galerie (Stollen) führte, von der man behauptet, daß sie bis zu einer anderen schon oben erwähnten Porphyrkuppe, zu der von Santa Polonia, führt. Diese Vorrichtungen deuten auf Besorgnisse von Kriegszuständen und auf Sicherung der Flucht. Das Vergraben von Kostbarkeiten war übrigens eine altperuanische, sehr allgemein verbreitete Sitte. Unter vielen Privatwohnungen in Caxamarca findet man noch unterirdische Gemächer,

Man zeigte uns im Felsen ausgehauene Treppen und das sogenannte Fußbad des Inka (el lavadero de los piés). Ein solches Fußwaschen des Herrschers war von lästigen Hofzeremonien begleitet. Nebengebäude, die, der Tradition nach, für die Dienerschaft des Inka bestimmt waren, sind zum Teil ebenfalls von Quadersteinen aufgeführt und mit Giebeln versehen, zum Teil aber von wohlgeformten Ziegeln, die mit Kieszement abwechseln (muros y obra de tapia). In denen der letztgenannten Konstruktion kommen *gewölbte* Blenden (Wandvertiefungen) vor, an deren hohem Alter ich lange, aber wohl mit Unrecht, gezweifelt habe.

Man zeigt in dem Hauptgebäude noch das Zimmer, in welchem der unglückliche Atahualpa vom Monat November 1532 an neun Monate lang gefangen gehalten wurde; man zeigt auch den Reisenden die Mauer, an der er das Zeichen machte, bis zu welcher Höhe er das Zimmer mit Gold füllen wolle, wenn man ihn freiließe. Xerez in der *Conquista del Peru*, die uns Barcia aufbewahrt hat, Hernando Pizarro in seinen Briefen und andere Schriftsteller jener Zeit geben diese Höhe sehr verschieden an. Der gequälte Fürst sagte: »das Gold in Barren, Platten und Gefäßen solle so hoch aufgetürmt werden, als er mit der Hand reichen könne.« Das Zimmer selbst gibt Xerez zu 22 Fuß Länge und 17 Fuß Breite an. Was von den Schätzen der Sonnentempel von Cuzco, Huaylas, Huamachuco und Pachacamac bis zu dem verhängnisvollen 29 August 1533 (dem Todestage des Inka) zusammengebracht wurde, schätzt Garcilaso de la Vega, der Peru schon 1560, in seinem 20. Jahre, verließ, auf 3 838 000 Ducados de Oro.

In der Kapelle des Stadtgefängnisses, das, wie ich schon oben erwähnte, auf den Ruinen des Inkapalastes gebaut ist, wird Leichtgläubigen mit Schauder der Stein gezeigt, auf dem »unauslöschliche Blutflecke« zu sehen sind. Es ist eine 12 Fuß lange, sehr dünne Platte, die vor dem Altar liegt, wahrscheinlich dem Porphyr oder Trachyt der Umgegend entnommen. Eine genaue Untersuchung durch Abschlagen wird nicht gestattet. Die berufenen drei oder vier Flecken scheinen hornblend- oder pyroxenreiche Zusammenziehungen in der Grundmasse der Gebirgsart zu sein. Der Lizentiat Fernando Montesinos, ob er gleich kaum hundert Jahre nach der Einnahme von Caxamarca Peru besuchte, verbreitet schon die Fabel: Atahualpa sei in dem Gefängnis enthauptet worden und man sehe noch Blutspuren auf einem Steine, auf dem die Hinrichtung geschehen sei. Unbestreitbar ist es und durch viele Augenzeugen bewährt, daß der betrogene Inka sich willig, unter dem Namen Juan de Atahualpa, von seinem schändlichen, fanatischen Verfolger (dem Dominikanermönch Vicente de Valverde) taufen ließ, um nicht lebendig verbrannt zu werden. Strangulation (el garrote) machte seinem Leben ein Ende, öffentlich unter freiem Himmel. Eine andere Sage gibt vor, man habe eine Kapelle auf dem Stein errichtet, wo die Strangulation vorgefallen sei, und Atahualpas Körper ruhe unter dem Steine. Die vermeintlichen Blutflecke blieben dann freilich unerklärt. Der Leichnam hat aber nie unter diesem Steine gelegen; er wurde nach einer Totenmesse und einer feierlichen Beerdigung, bei welcher die Gebrüder Pizarro in Trauerkleidern (!) zugegen waren, zuerst auf den Kirchhof des Convento de San Fraucisco und später nach Quito, Atahualpas Geburtsstadt, gebracht. Die letztere

Translation geschah nach dem ausdrücklichen Wunsche des sterbenden Inka. Sein persönlicher Feind, der verschlagene *Rumiñavi* (*das steinerne Auge* genannt, wegen der Entstellung des einen Auges durch eine Warze; rumi Stein, ñaui Auge im Qquechhua), veranstaltete in Quito, aus List und politischen Absichten, eine feierliche Beerdigung.

In den traurigen architektonischen Resten dahingeschwundener alter Herrlichkeit wohnen in Caxamarca Abkömmlinge des Monarchen. Es ist die Familie des indischen Caciquen, nach dem Qquechhua-Idiom des Curaca, *Astorpilco*. Sie lebt in großer Dürftigkeit doch genügsam, ohne Klage, voll Ergebung in ein hartes, unverschuldetes Verhängnis. Ihre Abkunft von Atahualpa durch die weibliche Linie wird in Caxamarca nirgends geleugnet, aber Spuren des Bartes deuten vielleicht auf einige Vermischung mit spanischem Blute. Beide vor dem Einfall der Spanier regierenden Söhne des großen, aber für einen Sonnensohn etwas freigeisterischen Huayna Capac, Huascar und Atahualpa, hinterließen keine anerkannten Söhne. Huascar wurde Atahualpas Gefangener in den Ebenen von Quipaypan und auf dessen heimlichen Befehl bald darauf ermordet. Auch von den beiden übrigen Brüdern des Atahualpa, von dem unbedeutenden jungen Toparca, welchen Pizarro (Herbst 1533) als Inka krönen ließ, und von dem unternehmenderen, ebenfalls gekrönten, aber dann wieder rebellischen Manco Capac, sind keine männliche Nachkommen bekannt. Atahualpa hinterließ einen Sohn, als Christ Don Francisco genannt, der sehr jung starb, und eine Tochter, Doña Angelina, mit welcher Francisco Pizarro in wildem Kriegsleben einen von ihm sehr geliebten Sohn, des hingerichteten Herrschers Enkel, zeugte. Außer der Familie des Astorpilco, mit der ich in Caxamarca verkehrte, wurden zu meiner Zeit noch die Carguaraicos und Titu-Buscamayta als Verwandte der Inkadynastie bezeichnet. Das Geschlecht Buscamayta ist aber jetzt ausgestorben.

Der Sohn des Caciquen Astorpilco, ein freundlicher junger Mensch von 17 Jahren, der mich durch die Ruinen seiner Heimat, des alten Palastes, begleitete, hatte in großer Dürftigkeit seine Einbildungskraft mit Bildern angefüllt von der unterirdischen Herrlichkeit und den Goldschätzen, welche die Schutthaufen bedecken, auf denen wir wandelten. Er erzählte, wie einer seiner Altväter einst der Gattin die Augen verbunden und sie durch viele Irrgänge, die in den Felsen ausgehauen waren, in den unterirdischen Garten des Inka hinabgeführt habe. Die Frau sah dort kunstreich nachgebildet im reinsten Golde Bäume mit Laub und Früchten, Vögel auf den Zweigen sitzend, und den vielgesuchten goldenen Tragsessel (una de las andas) des Atahualpa. Der Mann gebot seiner Frau, nichts von diesem Zauberwerke zu berühren, weil die längst verkündigte Zeit (die Wiederherstellung des Inkareichs) noch nicht gekommen sei. Wer früher sich davon aneigene, müsse sterben in derselben Nacht. Solche goldenen Träume und Phantasien des Knaben gründeten sich auf Erinnerungen und Traditionen der Vorzeit. Der Luxus künstlicher *goldener Gärten* (jardines ó Huertas de oro) ist von Augenzeugen vielfach beschrieben: von Cieza de Leon, Sarmiento, Garcilaso und anderen frühen Geschichtsschreibern der Konquista. Man fand sie unter dem Sonnentempel von Cuzco, in Caxamarca, in dem anmutigen Tale von Yucay, einem Lieblingssitze der Herrscherfamilie. Da, wo die goldenen Huertas nicht unterirdisch waren, standen lebend vegetierende Pflanzen neben den künstlich nachgebildeten. Unter den letzteren nennt man immer die hohen Maisstauden, und Maisfrüchte in Kolben (mazorcas) als besonders gelungen.

Die krankhafte Zuversicht, mit welcher der junge Astorpilco aussprach, daß unter mir, etwas zur Rechten der Stelle, wo ich eben stand, ein großblütiger Daturabaum, ein Guanto, von Golddraht und Goldblech künstlich geformt, den Ruhesitz des Inka mit seinen Zweigen bedecke, machte einen tiefen, aber trüben Eindruck auf mich. Luftbilder und Täuschung sind hier wiederum Trost für große Entbehrung und irdische Leiden. »Fühlest du und deine Eltern«, fragte ich den Knaben, »da ihr so fest an das Dasein dieser Gärten glaubt, nicht bisweilen ein Gelüste, in eurer Dürftigkeit nach den nahen Schätzen zu graben?« Die Antwort des Knaben war so einfach, so ganz der Ausdruck der stillen Resignation, welche der Rasse der Urbewohner des Landes eigentümlich ist, daß ich sie spanisch in meinem Tagebuche aufgezeichnet habe: »Solch ein Gelüste (tal antojo) kommt uns nicht; der Vater sagt, daß es sündlich wäre (que fuese pecado). Hätten wir die goldenen Zweige samt allen ihren goldenen Früchten, so würden die weißen Nachbaren uns hassen und schaden. Wir besitzen ein kleines Feld und guten Weizen (buen trigo).« Wenige meiner Leser, glaube ich, werden es tadeln, daß ich der Worte des jungen Astorpilco und seiner goldenen Traumbilder hier gedenke.

Der unter den Eingebornen so weit verbreitete Glaube, daß es strafbar sei und Unglück über ein ganzes Geschlecht bringe, wenn man sich vergrabener Schätze, die den Inkas gehört haben können, bemächtige, hängt mit einem anderen, besonders im 16. und 17. Jahrhunderte herrschenden Glauben, mit dem an die Wiederherstellung eines Inkareichs, zusammen. Jede unterdrückte Nationalität hofft Befreiung, eine Erneuerung des alten Regiments. Die Flucht von Manco Inka, dem Bruder des Atahualpa, in die Wälder von Vilcapampa am Abhange der östlichen Kordillere, der Aufenthalt von Sayri Tupac und Inka Tupac Amaru in jenen Wildnissen haben bleibende Erinnerungen zurückgelassen. Man glaubte, daß zwischen den Flüssen Apurimac und Beni oder noch östlicher in der Guyana Nachkommen der entthronten Dynastie angesiedelt wären. Die von Westen nach Osten wandernde Mythe des *Dorado* und der goldenen Stadt Manoa vermehrte solche Träume. Raleghs Einbildungskraft war so davon entflammt, »daß er eine Expedition auf die Hoffnung gründete, die Inselstadt (imperial and golden city) zu erobern, eine Garnison von drei- bis viertausend Engländern hineinzulegen und dem Emperor of Guiana, der von Huayna Capac abstammt und sein Hoflager mit derselben Pracht hält, einen jährlichen Tribut von 300 000 Pfund Sterling aufzulegen, als Preis für die verheißene *Restauration* in Cuzco und Caxamarca.« Spuren von solchen Erwartungen einer wiederkehrenden Inkaherrschaft haben sich, so weit die peruanische Qquechhua-Sprache verbreitet ist, in den Köpfen vieler der vaterländischen Geschichte etwas kundigen Eingeborenen erhalten.

Wir blieben fünf Tage in der Stadt des Inka Atahualpa, die damals kaum noch sieben- bis achttausend Einwohner zählte. Die große Menge Maultiere, die der Transport unserer Sammlungen erheischte, und die sorgfältige Auswahl der Führer, welche uns über die Andeskette bis in den Eingang der langen, aber schmalen peruanischen Sandwüste (Desierto de Sechura) geleiten sollten, verzögerten die Abreise. Der Übergang über die Kordillere war von Nordost gen Südwest. Kaum hat man den alten Seeboden der anmutigen Hochebene von Caxamarca verlassen, so wird man im Ansteigen auf eine Höhe von kaum 9600 Fuß durch den Anblick zweier grotesker Porphyrkuppen, Aroma und Cunturcaga (eines Lieblingssitzes des mächtigen Geiers, den wir gewöhnlich Kondor nennen, kacca im Qquechhua der *Felsen*), in Erstaunen gesetzt. Sie bestehen aus fünf- bis siebenseitigen, 35 bis 40 Fuß hohen, zum Teil gegliederten und gekrümmten Säulen. Die Porphyrkuppe des Cerro Aroma ist besonders malerisch. Sie gleicht durch die Verteilung ihrer übereinander stehenden, oft konvergierenden Säulenreihen einem Gebäude von zwei Geschossen. Domartig ist dies Gebäude mit einer abgerundeten, nicht in Säulen gesonderten, dichten Felsmasse bedeckt. Solche Porphyr- und Trachytausbrüche charakterisieren, wie wir schon oben bemerkt, recht eigentlich den hohen Rücken der Kordilleren und geben denselben eine ganz andere Physiognomie, als die Schweizer Alpen, die Pyrenäen und der sibirische Altai darbieten.

Von Cunturcaga und Aroma steigt man nun im Zickzack an einem steilen Felsabhange volle 6000 Fuß hinab in das kluftartige Tal der Magdalena, dessen Boden doch aber noch 4000 Fuß über dem Meere liegt. Einige elende Hütten, von denselben Wollbäumen (Bombax discolor) umgeben, die wir zuerst am Amazonenflusse gesehn, werden ein indisches Dorf genannt. Die ärmliche Vegetation des Tals ist der Vegetation der Provinz Jaen de Bracamoros ziemlich ähnlich, nur vermißten wir ungern die roten Gebüsche der Bougainvillea. Das Tal gehört zu den tiefsten, die ich in der Andeskette kenne. Es ist eine Spalte, ein wahres Quertal, ostwestlich gerichtet, eingeengt von den gegenüberstehenden Altos de Aroma und Guangamarca. Es beginnt in demselben von neuem die mir lange so rätselhafte Quarzformation, welche wir schon im Paramo de Yanaguanga zwischen Micuipampa und Caxamarca in 11 000 Fuß Höhe beobachtet und die an dem westlichen Abfall der Kordillere eine Mächtigkeit von vielen tausend Fuß erreicht. Seitdem Leopold von Buch uns gezeigt hat, daß auch in der höchsten

Andeskette diesseits und jenseits der Landenge von Panama die Kreideformation weit verbreitet ist, fällt jene Quarzformation, vielleicht durch vulkanische Kräfte in ihrer Textur umgewandelt, dem Quadersandstein zwischen der oberen Kreide und dem Gault und Greensand anheim. Aus dem milden Magdalenental hatten wir gegen Westen nun wieder drittehalb Stunden lang die den Porphyrgruppen des Alto de Aroma gegenüberstehende Wand 4800 Fuß hoch zu erklimmen. Der Wechsel des Klimas war um so empfindlicher, als wir an der Felswand oft in kalten Nebel eingehüllt wurden.

Die Sehnsucht, nachdem wir nun schon 18 Monate lang ununterbrochen das einengende Innere eines Gebirgslandes durchstrichen hatten, endlich wieder der freien Ansicht des Meers uns zu erfreuen, wurde durch die Täuschungen erhöht, denen wir so oft ausgesetzt waren. Von dem Gipfel des Vulkans von Pichincha, über die dichten Waldungen der Provincia de las Esmeraldas hinblickend, unterscheidet man deutlich keinen Meerhorizont, wegen der zu großen Entfernung des Litorals und der Höhe des Standorts. Man sieht, wie aus einem Luftball herab, ins Leere. Man ahndet, aber man unterscheidet nicht. Als wir später zwischen Loxa und Guancabamba den Paramo de Guamani erreichten, wo viele Gebäude der Inkas in Trümmern liegen, hatten uns die Maultiertreiber mit Sicherheit verkündigt, daß wir jenseits der Ebene, jenseits der Niederungen von Piura und Lambajeque das Meer erblicken sollten; aber ein dicker Nebel lag auf der Ebene und auf dem fernen Litoral. Wir sahen nur vielgestaltete Felsmassen sich inselförmig über dem wogenden Nebelmeere erheben und wechselsweise verschwinden: ein Anblick dem ähnlich, welchen wir auf dem Gipfel des Pic von Teneriffa genossen. Fast derselben Täuschung unserer Erwartungen waren wir auf dem Andespaß von Guangamarca, dessen Übergang ich hier erzähle, ausgesetzt. So oft wir, gegen den mächtigen Bergrücken mit gespannter Hoffnung anstrebend, eine Stunde mehr gestiegen waren, versprachen die des Weges nicht ganz kundigen Führer, unsere Hoffnung würde erfüllt werden. Die uns einhüllende Nebelschicht schien sich auf Augenblicke zu öffnen, aber bald wurde aufs neue der Gesichtskreis durch vorliegende Anhöhen feindlich begrenzt.

Das Verlangen, welches man nach dem Anblick gewisser Gegenstände hat, hängt gar nicht allein von ihrer Größe, von ihrer Schönheit oder Wichtigkeit ab; es ist in jedem Menschen mit vielen zufälligen Eindrücken des Jugendalters, mit früher Vorliebe für individuelle Beschäftigungen, mit Hang nach der Ferne und einem bewegten Leben verwebt. Die Unwahrscheinlichkeit, einen Wunsch erfüllt zu sehen, gibt ihm dazu einen besonderen Reiz. Der Reisende genießt zum voraus die Freude des Augenblickes, wo er das Sternbild des Kreuzes und die Magellanischen Wolken, die um den Südpol kreisen, wo er den Schnee des Chimborazo und die Rauchsäule der Vulkane von Quito, wo er ein Gebüsch baumartiger Farren, wo er den Stillen Ozean zuerst erblicken wird. Tage der Erfüllung solcher Wünsche sind Lebensepochen von unverlöschlichem Eindruck: Gefühle erregend, deren Lebendigkeit keiner vernünftelnden Rechtfertigung bedarf. In die Sehnsucht nach dem Anblick der Südsee vom hohen Rücken der Andeskette mischte sich das Interesse, mit welchem der Knabe schon auf die Erzählung von der kühnen Expedition des Vasco Nuñez de Balboa gelauscht: des glücklichen Mannes, der, von Franz Pizarro gefolgt, der erste unter den Europäern, von den Höhen von Quarequa auf der Landenge von Panama, den östlichen Teil der Südsee erblickte. Die Schilfufer des Kaspischen Meeres, da wo ich dasselbe zuerst an dem Mündungsdelta des Wolgastromes gesehen, sind gewiß nicht malerisch zu nennen; und doch war mir ihr erster Anblick um so freudiger, als mich in frühester Jugend auf Karten die Form des asiatischen Binnenmeeres angezogen hatte. Was so durch kindliche Eindrücke, was durch Zufälligkeiten der Lebensverhältnisse in uns erweckt wird, nimmt später eine ernstere Richtung an, wird oft ein Motiv wissenschaftlicher Arbeiten, weitführender Unternehmungen.

Als wir nach vielen Undulationen des Bodens auf dem schroffen Gebirgsrücken endlich den höchsten Punkt des Alto de Guangamarca erreicht hatten, erheiterte sich plötzlich das lang verschleierte Himmelsgewölbe. Ein scharfer Südwestwind verscheuchte den Nebel. Das tiefe Blau der dünnen Bergluft erschien zwischen den engen Reihen des höchsten und gefiederten Gewölks. Der ganze westliche Abfall der Kordillere bei Chorillos und Cascas, mit ungeheuren Quarzblöcken von 12 bis 14 Fuß Länge bedeckt, die Ebenen von Chala und Molinos bis zu dem Meeresufer bei Truxillo lagen, wie in wunderbarer Nähe, vor unseren Augen. Wir sahen nun zum ersten Male die Südsee; wir sahen sie deutlich: dem Litorale nahe eine große Lichtmasse zurückstrahlend, ansteigend in ihrer Unermeßlichkeit gegen den mehr als geahndeten Horizont. Die Freude, welche meine Gefährten, Bonpland und Carlos Montufar, lebhaft teilten, ließ uns vergessen, das Barometer auf dem Alto de Guangamarca zu öffnen. Nach der Messung, die wir nahe dabei, aber tiefer als der Gipfel, in einer isolierten Meierei, im Hato de Guangamarca, machten, muß der Punkt, wo wir das Meer zuerst gesehen, nur 8800 bis 9000 Fuß hoch liegen.

Der Anblick der Südsee hatte etwas feierliches für den, welcher einen Teil seiner Bildung und viele Richtungen seiner Wünsche dem Umgange mit einem Gefährten des Capitän Cook verdankte. Meine Reiseplane hatte Georg Forster früh schon in allgemeinen Umrissen gekannt, als ich den Vorzug genoß, unter seiner Führung das erste Mal (jetzt vor mehr als einem halben Jahrhunderte) England zu besuchen. Durch Forsters anmutige Schilderungen von Otaheiti war besonders im nördlichen Europa für die Inseln des Stillen Meeres ein allgemeines, ich könnte sagen sehnsuchtsvolles Interesse erwacht. Es hatten diese Inseln damals noch das Glück, wenig von Europäern besucht zu werden. Auch ich konnte die Hoffnung nähren, einen Teil derselben in kurzem zu berühren, denn der Zweck meiner Reise nach Lima war zwiefach: der, den Durchgang des Merkur vor der Sonnenscheibe zu beobachten und das Versprechen zu erfüllen, das ich dem Kapitän Baudin bei meiner Abreise von Paris gegeben, mich seiner Weltumseglung anzuschließen, sobald die französische Republik die früher dazu bestimmte Geldsumme darbieten könnte.

Nordamerikanische Zeitungen hatten in den Antillen die Nachricht verbreitet, daß beide Korvetten, le Géographe und le Naturaliste, um das Kap Horn segeln und im Callao de Lima landen würden. Auf diese Nachricht gab ich in der Havana, wo ich mich damals nach Vollendung der Orinocoreise befand, meinen ursprünglichen Plan auf, durch Mexiko nach den Philippinen zu gehen. Ich mietete schnell ein Schiff, das mich von der Insel Kuba nach Cartagena de Indias führte. Aber die Baudinsche Expedition nahm einen ganz anderen als den erwarteten und angekündigten Weg: sie ging nicht um das Kap Horn, wie es der frühere Plan war, als Bonpland und ich dazu bestimmt worden waren, sie schiffte um das Vorgebirge der guten Hoffnung. Der eine Zweck meiner peruanischen Reise und des letzten Überganges über die Andeskette war demnach verfehlt; aber ich hatte das seltene Glück, während einer ungünstigen Jahreszeit in dem Nebellande des Niederen Peru einen heiteren Tag zu erleben. Ich beobachtete den Durchgang des Merkur vor der Sonnenscheibe im Callao: eine Beobachtung, welche für die genaue Längenbestimmung von Lima und des südwestlichen Teiles des Neuen Kontinents von einiger Wichtigkeit geworden ist. So liegt oft in der Verwickelung ernster Lebensverhältnisse der Keim eines befriedigenden Ersatzes.

Über tredition

Eigenes Buch veröffentlichen

tredition wurde 2006 in Hamburg gegründet und hat seither mehrere tausend Buchtitel veröffentlicht. Autoren veröffentlichen in wenigen leichten Schritten gedruckte Bücher, e-Books und audio-Books. tredition hat das Ziel, die beste und fairste Veröffentlichungsmöglichkeit für Autoren zu bieten.

tredition wurde mit der Erkenntnis gegründet, dass nur etwa jedes 200. bei Verlagen eingereichte Manuskript veröffentlicht wird. Dabei hat jedes Buch seinen Markt, also seine Leser. tredition sorgt dafür, dass für jedes Buch die Leserschaft auch erreicht wird.

Im einzigartigen Literatur-Netzwerk von tredition bieten zahlreiche Literatur-Partner (das sind Lektoren, Übersetzer, Hörbuchsprecher und Illustratoren) ihre Dienstleistung an, um Manuskripte zu verbessern oder die Vielfalt zu erhöhen. Autoren vereinbaren direkt mit den Literatur-Partnern die Konditionen ihrer Zusammenarbeit und partizipieren gemeinsam am Erfolg des Buches.

Das gesamte Verlagsprogramm von tredition ist bei allen stationären Buchhandlungen und Online-Buchhändlern wie z. B. Amazon erhältlich. e-Books stehen bei den führenden Online-Portalen (z. B. iBookstore von Apple oder Kindle von Amazon) zum Verkauf.

Einfach leicht ein Buch veröffentlichen: **www.tredition.de**

Eigene Buchreihe oder eigenen Verlag gründen

Seit 2009 bietet tredition sein Verlagskonzept auch als sogenanntes "White-Label" an. Das bedeutet, dass andere Unternehmen, Institutionen und Personen risikofrei und unkompliziert selbst zum Herausgeber von Büchern und Buchreihen unter eigener Marke werden können. tredition übernimmt dabei das komplette Herstellungs- und Distributionsrisiko.

Zahlreiche Zeitschriften-, Zeitungs- und Buchverlage, Universitäten, Forschungseinrichtungen u.v.m. nutzen diese Dienstleistung von tredition, um unter eigener Marke ohne Risiko Bücher zu verlegen.

Alle Informationen im Internet: **www.tredition.de/fuer-verlage**

tredition wurde mit mehreren Innovationspreisen ausgezeichnet, u. a. mit dem Webfuture Award und dem Innovationspreis der Buch Digitale.

tredition ist Mitglied im Börsenverein des Deutschen Buchhandels.

Dieses Werk elektronisch lesen

Dieses Werk ist Teil der Gutenberg-DE Edition DVD. Diese enthält das komplette Archiv des Projekt Gutenberg-DE. Die DVD ist im Internet erhältlich auf **http://gutenbergshop.abc.de**